Autismo
Um olhar a 360°

Copyright© 2020 by Literare Books International.
Todos os direitos desta edição são reservados à Literare Books International.

Presidente:
Mauricio Sita

Vice-presidente:
Alessandra Ksenhuck

Capa e diagramação:
Gabriel Uchima

Revisão:
Rodrigo Rainho

Diretora de Projetos:
Gleide Santos

Diretora Executiva:
Julyana Rosa

Gerente de Marketing e Desenvolvimento de Negócios:
Horácio Corral

Relacionamento com o cliente:
Claudia Pires

Impressão:
Vox

	Dados Internacionais de Catalogação na Publicação (CIP) (eDOC BRASIL, Belo Horizonte/MG)
A939	Autismo: um olhar a 360º / Coordenação Tatiana Serra. – São Paulo, SP: Literare Books International, 2020. 16 x 23 cm
	ISBN 978-85-9455-285-3
	1. Autismo. I. Serra, Tatiana. CDD 616.85882
Elaborado por Maurício Amormino Júnior – CRB6/2422	

Literare Books International Ltda.
Rua Antônio Augusto Covello, 472 – Vila Mariana – São Paulo, SP.
CEP 01550-060
Fone/fax: (0**11) 2659-0968
site: www.literarebooks.com.br
e-mail: contato@literarebooks.com.br

Autismo
Um olhar a 360°

Prefácio

Nos últimos anos, mundialmente, o número de diagnósticos de Transtornos do Espectro do Autismo (a saber, TEA) aumentou consideravelmente. O aumento, em parte, se deve aos avanços em pesquisas na área e à especialização do corpo médico e clínico, que se tornou mais hábil em reconhecer os sinais característicos dos TEA, mesmo em seus níveis mais leves.

Diversas pesquisas indicam que alguns comportamentos ou sinais podem ser observados desde muito cedo, por volta dos nove meses de idade. A detecção desses sinais precoces dos TEA favorece a antecipação do início da intervenção das inabilidades apresentadas pela criança com autismo, o que pode ser considerado como essencial na conquista dos melhores resultados.

No entanto, receber o diagnóstico de forma precoce não é a verdade para inúmeras famílias brasileiras. Quando Paula[1] chegou em meu consultório trazendo pela mão a pequena Estela, de quatro anos, refiz a certeza do quão necessário é tornar acessível a todos o conhecimento referente às patologias que acometem o desenvolvimento infantil.

Paula já havia percorrido quase toda São Paulo em busca de explicações para alguns comportamentos de sua filha. O atraso na aquisição da fala, a ausência de contato visual, a dificuldade na autorregulação emocional, o brincar estranho, sempre tendendo a um determinado padrão, eram alguns aspectos que a deixavam 'com a pulga atrás da orelha', como ela mesma dizia.

Logo no primeiro ano de vida, a angústia de Paula falou mais alto e, mesmo contrariando familiares e amigos próximos, buscou pela ajuda do pediatra que tentou acalmá-la dizendo que 'cada criança tinha seu tempo' e que 'era melhor esperar mais um ou dois anos'. Outros profissionais, nos meses e anos que se seguiram, chegaram a suspeitar de um possível atraso global do desenvolvimento,

---

1   Os nomes dos personagens do relato são fictícios a fim de preservar a privacidade dos envolvidos.

mas devido à presença de algumas habilidades como o sorriso, ainda que difuso, e o comportamento 'carinhoso', embora excessivo e, muitas vezes, inadequado, causavam o questionamento a respeito de um provável diagnóstico de TEA.

Esta não é uma história incomum, pelo contrário, reflete a dura realidade de inúmeras famílias de crianças autistas que precisam percorrer um longo e árduo caminho, repleto de dúvidas e medos, até, finalmente, chegarem a um diagnóstico. Diagnóstico este, que, infelizmente, não vem com manual explicando sobre o que fazer em seguida.

Com uma linguagem simples e escrito por profissionais, muitos ainda jovens no meio acadêmico, mas com uma imensa bagagem na prática clínica, o presente livro leva conhecimento para pais, familiares e profissionais de diversas áreas da saúde e da educação. Os temas abordados são amplos e relevantes, abrangendo diferentes visões desde o processo de diagnóstico até as práticas e técnicas, ou tecnologias, de intervenção, diminuindo, assim, o espaço que separa os saberes acadêmico e clínico.

Boa leitura!

Maria Claudia Arvigo

Sumário

Oportunidade 11
Tatiana Serra

**Parece, mas não é TEA:
desafios do diagnóstico diferencial nos
Transtornos do Espectro do Autismo** 17
Maria Claudia Arvigo & José Salomão Schwartzman

**Avaliar em ABA:
caminhos para o trabalho em equipe** 25
Aída T. S. Brito & Danilo Carvalho de Sá

**A importância da família no
tratamento do autismo** 33
Sofia Macarini Vieira & Viviane Janaína Silva

**A importância da Intervenção Comportamental
Precoce e Intensiva no autismo** 41
Fernanda Nisihara

**Comunicação aumentativa e alternativa no
Transtorno do Espectro Autista** 47
Carine Cruz Ferreira & Ana Paula Gastão Orlandin

**Autismo: a cognição social, o funcionamento do
cérebro neurotípico** 55
Thamara Bensi

Neurofeedback e autismo.. 61
Patrícia Zocchi

**Autismo e aprendizagem:
possibilidades de intervenção** 69
Vivian Marqui

**Habilidades sociais em crianças e adolescentes
com TEA: um enfoque nos contextos escolar,
domiciliar e clínico**.. 77
Elvira Melo

**Problemas comportamentais:
da avaliação à intervenção** 85
Milena Ramos & Stephanie Vogel

**Como melhorar a insônia no
Transtorno do Espectro Autista** 91
Rafael Vinhal da Costa

**Atuação da Terapia Ocupacional no autismo:
uma costura analítico-comportamental**................... 101
Cristina Camargo & Julia de Almeida Silva

**Aplicabilidade da intervenção motora em indivíduos
com Transtorno do Espectro do Autismo**................. 109
Amanda Placoná Merlini & Willian do Prado Alves

Animais como recursos terapêuticos 117
Leticia Gomes & Raiza Nascimento

O acompanhante terapêutico 125
Carolina Domene Franco da Rocha

**Alfabetizar crianças com TEA:
um trabalho possível** 131
Renata Rocha

Inclusão: do ideal ao real 139
Alessandra Lautenschläger Nogueira

**Um olhar da gestão escolar ao atendimento de
pessoas com TEA** 147
Silvana Borella

O autista e seus direitos 153
Janaína de Souza Barreto & Cíntia Marsigli Afonso Costa

**Tecnologias de ensino aplicadas ao
Transtorno do Espectro do Autismo** 161
Rafaela Zilli & Tatiana Serra

Capítulo 1

Oportunidade

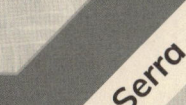

Tatiana Serra

O caminho é tão mais importante que a chegada, durante o seu trilhar, mantenha um olhar 360º para as oportunidades que o trajeto proporciona, aprenda a aproveitar cada uma delas, antes que o caminho se finde.

Tatiana Serra

Psicóloga pela Universidade Paulista – UNIP, especialista em Terapia Comportamental pela Universidade de São Paulo e neuropsicóloga pelo HC-FMUSP. Terapeuta e supervisora em ABA há dez anos, presta consultorias para pais, instituições e profissionais acerca do tratamento de pessoas com Transtorno do Espectro do Autismo, dentre outras alterações do desenvolvimento. Fundadora do Núcleo Tatiana Serra - Intervenção e Formação Comportamental. CEO do Núcleo Direcional.

Contatos
tatianaserra@nucleodirecional.com.br
www.nucleodirecional.com.br
Currículo Lattes: http://bit.ly/lattestatianaserra
Instagram: @tatianaserraoficial
Facebook: @nucleodirecional

Antes de começar a escrever esta introdução, passei diversos momentos questionando se de fato deveria fazê-la, afinal, o que tenho eu a contribuir com mães e familiares de pessoas autistas, muitas vezes tão vulneráveis? E com os profissionais, o que teria eu a somar, pensando que muitos deles terão acesso a este livro e têm uma jornada de experiência tão mais longa que a minha?

Passei dias tentando responder a essas e outras perguntas e outros tantos pensando no que escrever, ensaiei que mensagem passar para essas famílias e aos profissionais que têm a oportunidade de trabalhar com esse público.

As respostas para as perguntas acima vieram claramente, mas por diversas vezes evitei olhar. Evitei assumir e olhar para a minha dificuldade de escrever, pois as sensações que esta atividade me evoca não são das melhores, por outro lado, comunicar de forma oral me traz muitas satisfações e alegrias.

Você deve estar se perguntando o que isso tem a ver com este livro, continue lendo, pois já vai descobrir.

Bem, continuando, estava evitando também aceitar a realização deste sonho, que era de escrever um livro, pois como amante da leitura, sempre quis ter o meu próprio, sim, e agora o tenho. Em parceria com todos esses profissionais incríveis, que abrilhantaram este sonho, cada um que se esforçou ao máximo para aprender a escrever cada capítulo, para estudar a fundo o seu tema de interesse, e finalmente sentar horas e mais horas para colocar em palavras o que pesquisou e estudou, a fim de contribuir com tantas famílias e profissionais.

Tudo isso eu defini como oportunidade, momentos que nos são presenteados para somar e marcar a vida de alguém.

Agora, você vai entender o porquê de compartilhar uma dificuldade que muitas das vezes já me levou ao fracasso em oportunidades preciosas e arruinou o sonho de escrever um livro. Situações tão ambíguas, não é mesmo?

É assim que as mães e familiares de pessoas autistas chegam até nós, confusos, cheios de sentimentos ambíguos, muitas vezes sem esperança e se sentindo fracassados. Por outro lado, realizados pelo sonho de ter uma família, um filho, que pode não ter sido sonhado previamente, mas que, ao receber a criança, o sonho despertou junto com a realização.

Longe de mim querer comparar os meus momentos com os momentos de qualquer pessoa, sobretudo com os momentos dessas famílias. Quero mesmo é compartilhar, somar, contribuir.

Ao longo das páginas deste livro, você vai poder receber este compartilhar que, graças aos momentos de cada um dos profissionais, foi possível concretizar.

Aqui, falamos sobre o diagnóstico diferencial – o que parece, mas não é, sobre os procedimentos de ensino, problemas de comportamentos decorrentes do transtorno, direitos, sono e diversos outros temas que inquietam essas famílias e somam na lista de crises e desamparo dos autistas.

Muitas vezes as famílias ficam em desamparo também, pensam em desistir de tudo e até de si mesmas, quero que você saiba que do lado de cá também não é diferente. Nós, terapeutas, em muitos momentos, também pensamos em desistir, em trocar de área, em sair de cena quando as dificuldades aumentam ou simplesmente não diminuem, mas graças ao arcabouço de estudos científicos e parceiros cientistas, sempre voltamos atrás e nos mantemos firmes na missão de ajudá-los a melhorar as suas vidas e a vida dos seus filhos.

Cada melhora renova a esperança de ser pessoas e terapeutas melhores, de nos entregar àqueles momentos intensamente, para que os resultados apareçam e sejam visíveis, porque para uma mãe ou pai desamparados os resultados precisam ser claros e consistentes e, para isso, todo nosso esforço é desprendido.

Voltando lá atrás, quando falei que estava difícil de escrever o meu conteúdo: talvez eu estivesse querendo encher estas páginas de referências bibliográficas, de citações científicas e, sim, estava. Mas renunciei a isso, não por não ser importante, mas porque meus colegas que aqui escreveram já fizeram isso com muita maestria e porque eu queria orquestrar os nossos sentimentos, a incluir o meu, o seu, o do seu filho e o dos profissionais que os acompanham.

E para orquestrar sentimento não tem referência bibliográfica a não ser a vida, o vivenciar cada momento, cada oportunidade.

Quero convidá-lo a selecionar um caderno ou bloco de anotações e, diariamente, semanalmente ou como preferir, escrever cada momento de resultado visualizado numa folha e cada momento de fracasso em outra, este convite é para dar a você uma oportunidade de ouvir seu sentimento, acolher os melhores e piores momentos que essa jornada de mãe e pai "especiais" traz.

Como mencionei acima, vocês chegam confusos, amedrontados e muitas vezes alertas de qual caminho seguir, qual estrada é melhor para caminhar com uma responsabilidade de ensinar e proporcionar momentos de paz e aprendizados aos seus filhos ou para os seus pacientes.

Esse é o momento em que eu mais respeito e tento acolher, esse momento inicial onde consigo sentir de longe a angústia no peito e seus questionamentos: "será que estou no lugar certo?", "será que ela vai ensinar mesmo?", "será que ela é capacitada como está dizendo que é?", "será que vai cuidar do meu filho?", "será que não vou ficar junto?".

São tantos "serás" que dá para lê-los nos seus olhares e gestos, durante os primeiros e todos os demais encontros que temos, seja comigo ou com outra terapeuta.

São esses questionamentos silenciosos que me deram energia para estar aqui, enfrentando uma das minhas maiores dificuldades profissionais e pessoais: a escrita, além de, é claro, assumir isso publicamente para tantas pessoas que terão acesso a esta publicação.

Mas fiz isso com coragem e determinação porque é a oportunidade que tenho para somar na sua vida, contribuir com meus momentos de paz que, embora eu não saiba quando serão e por quanto tempo durarão, estarão aqui nestas páginas, junto a mais de 20 profissionais que tiveram os seus momentos de paz e angústia ao deixar registrados seus conhecimentos científicos, e vivenciados, orientando-o e o encorajando a ir a fundo por melhoras e dias de tranquilidade.

E quanto aos seus "serás"? Eles podem e devem estar sempre presentes, isso vai impulsionar você a questionar, a observar e estar alerta se de fato os cuidados que está desprendendo para o seu filho ou paciente estão realmente contribuindo para a melhora dele. Esses cuidados podem envolver terapeutas, professores, escolas, médicos, amigos e familiares.

Esteja atento a quem você deu a oportunidade de cuidar do seu filho. Essa pessoa deve ter conhecimento técnico e experiência para somar com sua família. Para tanto, solicitar as credenciais dessas pessoas não é uma ofensa, pelo contrário, é um cuidado e uma oportunidade para esclarecer quem compartilha os cuidados dos seus filhos.

Quanto ao profissional, ao buscar formação e supervisão, também esteja em busca das credenciais de tal mestre, veja se essa pessoa, a quem você deu a oportunidade de ensiná-lo e moldá-lo como terapeuta, está cientificamente embasada, além de humanamente focada na melhora do outro, que esses sejam os pilares, em detrimento de ego e fama.

Eu tinha a incumbência de escrever até oito páginas neste capítulo, mas já não quero me estender e vou deixar você avançar para a próxima página, nela certamente haverá um colega de profissão falando maravilhosamente bem sobre o tema que escolheu e, com certeza, seu conteúdo irá somar para você e sua família.

A oportunidade está dada, aproveite a leitura!

Capítulo 2

Maria Claudia Arvigo & José Salomão Schwartzman

Parece, mas não é TEA: desafios do diagnóstico diferencial nos Transtornos do Espectro do Autismo

O presente capítulo traz um breve relato dos diferentes transtornos que acometem o desenvolvimento infantil e que levam a um funcionamento próximo e, por vezes, semelhante àquele observado nos Transtornos do Espectro do Autismo, gerando confusões e diagnósticos falsos positivos.

Maria Claudia Arvigo

Fonoaudióloga formada pela Universidade Federal de São Paulo (Unifesp), com mestrado e doutorado em Linguística com ênfase em Aquisição da Linguagem pelo Instituto de Estudos da Linguagem da Universidade Estadual de Campinas (IEL/Unicamp). Atualmente, é pós-doutoranda em Distúrbios do Desenvolvimento na Universidade Presbiteriana Mackenzie e integrante do Grupo de Pesquisa do Laboratório dos Transtornos do Espectro do Autismo – TEA-MACK.

José Salomão Schwartzman

Médico, doutor em Medicina – Neurologia pela Universidade Federal de São Paulo (Unifesp). Professor titular do Programa de Pós-Graduação em Distúrbios do Desenvolvimento da Universidade Presbiteriana Mackenzie e coordenador do Laboratório dos Transtornos do Espectro do Autismo – TEA-MACK.

Contatos

Maria
www.batepaponojardim.com
mariacarvigo@gmail.com
Facebook: Maria Claudia Arvigo - Fonoaudiologia Infantil
LinkedIn: Maria Claudia Arvigo - https://bit.ly/3bpGF4l

José
www.schwartzman.com.br
josess@terra.com.br

Maria Claudia Arvigo & José Salomão Schwartzman

Os Transtornos do Espectro do Autismo (TEA) fazem parte de um grupo de condições que afetam o desenvolvimento infantil, denominado Transtornos do Neurodesenvolvimento, conforme nomenclatura definida pelo Manual Diagnóstico e Estatístico de Transtornos Mentais – DSM-V. Esses transtornos, em geral, se manifestam cedo, logo na primeira infância, antes mesmo da criança iniciar sua vida escolar, e são caracterizados por déficits que variam no grau de severidade e que acometem o funcionamento pessoal, social e acadêmico.

Boa parte das manifestações clássicas, como déficit cognitivo ou atraso na fala, são comuns e se apresentam em gradações distintas entre os diferentes transtornos, de modo que não é rara a ocorrência, como comorbidade, de mais de um transtorno que afeta o desenvolvimento infantil. No caso dos TEA, uma das comorbidades mais frequentes é a deficiência intelectual, com uma prevalência média de 30% entre os sujeitos dentro do espectro. Por esse motivo, fazer o diagnóstico diferencial entre os transtornos que acometem o desenvolvimento infantil é deveras desafiador, mesmo para os casos mais simples.

Os TEA se caracterizam por déficits persistentes na comunicação e na interação social, associados a padrões restritos e repetitivos de comportamento, de interesses e/ou de atividades. Seus sintomas, muitas vezes, se sobrepõem aos de outras condições, sendo facilmente confundidos com o Transtorno do Desenvolvimento da Linguagem (TDL), Transtorno do Déficit de Atenção e Hiperatividade (TDAH), além de inúmeras síndromes genéticas como a Síndrome de Rett e outras condições que levam a prejuízos nos comportamentos social, linguístico, motor e/ou cognitivo.

O diagnóstico de TEA é essencialmente clínico e multidisciplinar, envolvendo profissionais de diferentes áreas, como neuropediatria, fonoaudiologia, psicologia e psiquiatria, entre outras.

Habitualmente, esse diagnóstico é feito a partir dos três anos, isso porque, como a maioria dos especialistas sugere, não é possível estabelecer o diagnóstico certo antes dessa faixa etária, uma vez que grande parte dos sintomas e sinais observados até os 24 meses está também presente em outras condições e se assemelha a comportamentos característicos do desenvolvimento típico. No entanto, há um significativo esforço para que os sinais de risco sejam levantados e avaliados cada vez mais cedo, entre os 12 e 24 meses, ou até mesmo antes dessa faixa etária, como recomendam a Academia Americana de Pediatria e o Ministério da Saúde no Brasil.

Mesmo antes dos 12 meses, é possível identificar sinais considerados como fatores de risco para os TEA. A observação clínica associada ao uso de instrumentos de rastreio são ferramentas importantes para a identificação desses sinais, favorecendo o início da intervenção precoce, o que, ao longo de três a seis meses, trará dados significativos para o diagnóstico diferencial ou mesmo para o descarte da hipótese diagnóstica inicial.

Um dos sinais de risco mais comuns entre as crianças pequenas, entre os 12 e 18 meses de vida, é o atraso na aquisição da linguagem emissiva. O atraso na fala se caracteriza quando a trajetória do desenvolvimento é mais lenta ou abaixo do que se espera para a faixa etária, porém o diagnóstico só pode ser dado na ausência de outros comprometimentos cognitivos ou motores que justifiquem esse atraso.

É importante ter claro que apenas o atraso na aquisição e desenvolvimento da linguagem emissiva não é suficiente para o diagnóstico de TEA. Além disso, crianças que atrasam para falar compõem um importante grupo de risco para uma série de outras patologias, como TDAH, Deficiência Intelectual e Transtornos de Aprendizagem, entre outras.

Crianças com Transtorno do Desenvolvimento da Linguagem (TDL) frequentemente atrasam para adquirir fala, a qual emerge com significativos déficits em diferentes domínios linguísticos, principalmente na fonologia, na morfossintaxe e na semântica, sendo que a pragmática muitas vezes, também, aparece deficitária. O TDL representa uma alteração primária da linguagem, ou seja, não está associado à deficiência intelectual, à perda auditiva, lesões neurológicas ou outros transtornos que afetam o desenvolvimento, embora alguns autores sugiram o diagnóstico de TDL co-ocorrendo com quadros de Deficiência Intelectual leve ou em crianças com funcionamento limítrofe.

Nos TEA, as alterações de linguagem fazem parte da sintomatologia do espectro, de forma que a presença do transtorno já é suficiente para justificar tais alterações, não cabendo um segundo diagnóstico em comorbidade.

O desenvolvimento infantil é multifacetado, em que diferentes habilidades (motoras, cognitivas e linguísticas, por exemplo) emergem e se aprimoram de forma quase simultânea. Essas interfaces não estão encapsuladas, mas em conexão entre si. Sendo assim, não é raro observar crianças com TDL apresentando alterações importantes no comportamento e na interação social, aspectos comumente atribuídos aos TEA.

Até a publicação da última versão do DSM-V, crianças que apresentavam alterações nas habilidades pragmáticas nem sempre associadas a comportamentos e interesses repetitivos e restritos, mas que não completavam as características necessárias para o diagnóstico de TEA, permaneciam sem diagnóstico fechado ou flutuavam entre nomenclaturas como Transtorno Específico de Desenvolvimento da Linguagem ou Transtorno Invasivo do Desenvolvimento sem Especificação. Em diferentes pesquisas, essas características eram tratadas como déficit pragmático ou Síndrome Semântico Pragmática, quando a literatura entendia as inadequações no nível pragmático como um traço distintivo das alterações no uso social da linguagem.

Recentemente, o DSM-V introduziu uma nova categoria diagnóstica entre as desordens que afetam o desenvolvimento da comunicação, o Transtorno da Comunicação Social-Pragmático (TCS-prag). Trata-se de um déficit no uso das comunicações verbal e não verbal, em que as habilidades pragmáticas se encontram alteradas, levando a dificuldades na compreensão de linguagem figurada, de metáforas, piadas e expressões idiomáticas. O diagnóstico de TCS-prag só pode ser realizado a partir dos quatro ou cinco anos, apenas em crianças que tenham desenvolvido algum nível de linguagem expressiva.

O TCS-prag pode ocorrer de forma simultânea a diferentes desordens que afetam a linguagem, no entanto, ainda que ambos apresentem alterações no nível pragmático, este diagnóstico não coexiste com os TEA, sendo, neste caso, um diagnóstico de exclusão.

Um dos sinais frequentes dos TEA e bastante difundido no senso comum é o movimento estereotipado, seja de membro superior ou de corpo, no entanto, essa não é uma característica exclusiva dos TEA e, assim como o atraso de linguagem, o movimento estereotipado como sintoma único não é dado suficiente para este diagnóstico.

O comportamento motor repetitivo, aparentemente impulsivo e sem motivo ou propósito ocorrendo de forma primária, ou seja, isolada, caracteriza o Transtorno do Movimento Estereotipado, que pode ter início antes dos três anos de idade e persistir até a adolescência ou a vida adulta.

Agitação motora associada a movimentos involuntários são comumente observados em crianças com TEA. Indivíduos com TDAH podem apresentar características autísticas, como dificuldade em manter interação social de forma adequada ou ter prejuízos na comunicação e na linguagem, apresentando inadequação no encadeamento de ideias e um discurso confuso e desorganizado.

Embora alguns pesquisadores supunham a agitação psicomotora como parte do perfil clínico dos TEA, a Associação Americana de Psiquiatria, por meio do DSM-5, considera que sempre que os critérios diagnósticos para TEA e para TDAH forem preenchidos haverá comorbidade.

Quando se pensa em comorbidade, a condição mais comum são as síndromes genéticas ocorrendo em paralelo aos TEA, ou a algumas características do espectro. Ainda que seja uma condição rara, com incidência de 1:3600 nascimentos, a Síndrome do X-frágil representa a causa mais comum dentre os quadros de TEA de origem genética, com uma prevalência de cerca 50 a 75% entre os sujeitos do sexo masculino dentro do espectro.

A Síndrome do X-frágil é resultante de uma mutação no braço longo do cromossomo X, que leva a importante quadro de deficiência intelectual, dificuldade de aprendizagem e questões psiquiátricas. Embora essa síndrome possa ser detectada logo ao nascimento por meio de exames genéticos, a maioria dos casos recebe o diagnóstico tardiamente, durante o processo de diagnóstico diferencial dos TEA, gerando uma lacuna importante na intervenção precoce dessas crianças.

Os primeiros relatos e estudos descreviam crianças com TEA como esquizoides, sendo retratadas como solitárias e com interesses especiais, alterações de linguagem e discurso fantasioso. Atualmente, já é possível diferenciar a Esquizofrenia de Início Precoce dos TEA, graças a diversas pesquisas contemporâneas e, principalmente, após uma série de estudos desenvolvidos pelo grupo de pesquisa liderado por Lorna Wing.

A marca distintiva da Esquizofrenia de Início Precoce reflete o desinteresse pela interação social, que deve estar associado à presença de ao menos dois dos cinco sintomas, dentre eles: delírios, alucinações, desorganização de pensamento e catatonia, dentre outros.

Diferentes transtornos que afetam o desenvolvimento infantil prejudicam o processo de aquisição da linguagem e comprometem a comunicação e a interação social, não sendo exclusividade dos TEA, e as patologias citadas aqui são apenas uma pequena amostra. Por esse motivo, é de extrema importância ter claro quais os critérios para este diagnóstico.

Como apresentado anteriormente, segundo o DSM-V, os TEA se caracterizam por déficits que afetam a comunicação e a interação social associados aos padrões repetitivos restritos de comportamentos e interesses. Essas alterações estão presentes desde o início da infância e permanecem, de modo a prejudicar, em algum nível, o desenvolvimento e o funcionamento do indivíduo ao longo de toda a sua vida.

A avaliação deve ser criteriosa, realizada por uma equipe multidisciplinar, percorrendo todos os aspectos do desenvolvimento infantil. Para as crianças menores, com menos de 24 meses, sugere-se levantar os sinais de risco e iniciar intervenção precoce para posterior reavaliação, após em média seis meses, para que seja feito o diagnóstico diferencial.

Referências
AMERICAN ACADEMY OF PEDIATRICS. *Early Screening of Autism Spectrum Disorder: Recommendations for Practice and Research.* Pediatrics: official journal of the American academy of pediatrics, 2015. Disponível em: <https://pediatrics.aappublications.org/content/136/Supplement 1/s41>. Acesso em: 25 de mar. de 2020.
AMERICAN PSYCHIATRIC ASSOCIATION. *Manual diagnóstico e estatístico de transtornos mentais (DSM-5).* 5.ed. Porto Alegre: Artmed, 2014.
AMERICAN SPEECH-LANGUAGE-HEARING ASSOCIATION. *Scope of practice in speech-*

-*language pathology [Scope of practice]*, 2007. Disponível em: <http://www.asha.org/policy>. Acesso em: 25 de mar. de 2020.

ARVIGO, M.C et al. *Transtorno do Espectro do Autismo e comunicação*. In: AMATO, C.A.H.; BRUNONI, D.; BOGGIO, P.S. (orgs.) São Paulo: Memnon, 2018.

BRUNONI, D.; MERCADANTE, M.T.; SCHWARTZMAN, J.S. *Transtornos do Espectro do Autismo*. In: LOPES, A.C. (org.) Clínica Médica: diagnóstico e tratamento. 1.ed. São Paulo: Atheneu, 2014, pp. 5731-5746.

DALE, P.S et al. *Outcomes of early language delay: predicting persistent and transient language difficulties at 3 and 4 years*. J Speech Lang Hearing Research, 2003, 46, pp. 544-560.

HATTON, D. D et al. *Autistic behavior in children with fragile X syndrome: prevalence, stability, and the impact of FMRP*. Am. J Med Genet, 2006, 140A: pp.1804-1813. doi:10.1002/ajmg.a.31286.

MACKENZIE, K. M. D. *Stereotypic movement disorders*. Semin. Pediatric. Neurol, 2018, 25, pp.19-24. Disponível em: <https://doi.org/10.1016/j.spen.2017.12.004>. Acesso em: 25 de mar. de 2020.

MANDY, W. et al. *Evaluating social (pragmatic) communication disorder*. J Child Psychol Psychiatr, 2017, 58, pp.1166-1175. doi:10.1111/jcpp.12785.

MERCADANTE, M.T.; VAN DER GAAG, R.J.; SCHWARTZMAN, J.S. *Transtornos invasivos do desenvolvimento não-autísticos, Síndrome de Rett, transtorno desintegrativo na infância e transtornos invasivos do desenvolvimento sem outra especificação*. Revista Brasileira de Psiquiatria, 2006, 28 (Supl. I), S12-20.

MINISTÉRIO DA SAÚDE. *Diretrizes de Atenção à Reabilitação da Pessoa com Transtornos do Espectro do Autismo (TEA)*. Brasília: Ministério da Saúde. Secretaria de Atenção à Saúde. Departamento de Ações Programáticas Estratégicas, 2014.

PÉTER, Z.; OLIPHANT; M. F.; FERNANDEZ, T. V. *Motor stereotypies: a pathophysiological review*. Front Neurosci, 2017, 11:171.

POLYAK, A.; KUBINA, R.M.; GIRIRAJAN, S. *Comorbidity of intellectual disability confounds ascertainment of autism: implications for genetic diagnosis*. Am J Med Genet, 2015, Parte B, 168B, pp.600-608.

RICE, M. L. *Language growth and genetics of specific language impairment*. International Journal of Speech-Language Pathology, Early Online, 2013, pp.1-11.

RODRIGUEZ-REVENGA L., MADRIGAL I., Mila M. Prevalence Studies on Fragile X Alleles in Autism. In: PATEL V., PREEDY V., MARTIN C. (orgs.). *Comprehensive Guide to Autism*. Springer: New York, 2014.

ROTH, F.; WORTHINGTON, C.K. Treatment resource manual for speech-language pathology. Clifton Park, NY: Delmar, Cengage Learning, 2015.

THURM, A. et al. *State of the Field: Differentiating Intellectual Disability from Autism Spectrum Disorder*. Front Psychiat, 2019, 10, p.526. doi:10.3389/fpsyt.2019.00526.

Capítulo 3

Aída T. S. Brito & Danilo Carvalho de Sá

Avaliar em ABA: caminhos para o trabalho em equipe

Neste capítulo, os leitores saberão mais a respeito das avaliações em Análise Aplicada do Comportamento – Applied Behavior Analysis (ABA), como pode ser trabalhada e quais profissionais estão preparados para utilizá-la.

Aída T. S. Brito

Aída Teresa dos Santos Brito é psicóloga clínica, mestre e doutora em Educação pela UFPI, especialista em Educação Especial e Inclusiva, especialista em Análise Aplicada do Comportamento para pessoas com TEA e DI pela UFSCAR.

Danilo Carvalho de Sá

Danilo Carvalho de Sá é psicólogo clínico, especialista em Análise Aplicada do Comportamento e coordenador e supervisor do curso de especialização em Análise Aplicada do Comportamento para pessoas com TEA e DI da FAEME.

Contatos

Aída
https://lunaaba.com.br/
Facebook: @LunaAbaBR

Danilo
sdccursoseconsultoria@gmail.com
Instagram: @sdccursoseconsultoria
(86) 99468-3883

Aída T. S. Brito & Danilo Carvalho de Sá

A intervenção em Análise Aplicada do Comportamento – Applied Behavior Analysis (ABA) – vem galgando consolidação desde a publicação de Baer, Wolf e Risley na década de 1970, passamos mais de cinco décadas com extensa publicação em periódicos e trabalhos acadêmicos com resultados experimentais e aplicados. O caminho de aprimoramento da Análise do Comportamento passa, portanto, por distintas vertentes e manipulações científicas, o que a faz ter e assumir o status de ciência com um riquíssimo resultado de práticas baseadas em evidências.

Nos últimos anos, a ABA tem aprimorado seus resultados em um campo de aplicação voltado para o Transtorno do Espectro do Autismo (TEA). Grandes publicações vêm marcando força experimental para essa área (Fester e Mayer, 1961), (Maurice, 1993), (Lovaas, 1981, 1987, 1988), (Carr, Dunlap, Horner, Koegel, Tumbull, Sailor, 2002).

Porém, como ciência, ela não se restringe a um grupo específico em que se propõe intervenções, conceitualmente ela pode ser entendida como a aplicação da ciência do comportamento para o desenvolvimento de métodos científicos de mudanças de comportamento que são socialmente relevantes (Cooper, 1982), ou seja, não podemos confundir essa ciência com um método para ensinar pequenos grupos ou para servir a apenas uma camada da sociedade, pois as aplicações científicas se referem a todos os indivíduos, e nisso a ABA está além de uma noção restrita de "tratamento para autismo", tal como circula no senso comum.

Sendo uma ciência, quem deve aplicá-la? Ou, mais especificamente, quem deve aplicar ABA a pessoas com TEA? A resposta nos parece óbvia, o cientista. Mas o que vem a ser um cientista? O ser cientista está no fazer desse sujeito e, para entendê-lo, temos que observar o seu comportamento, o seu modo de trabalho, cujo eixo central atua para tornar os comportamentos das pessoas socialmente relevantes.

O modo de trabalho de um cientista que queremos defender é aquele que se comporta em função de um método científico, e como tal explora seus caminhos e controles em uma direção, a qual perpassa por: pensar em um problema, buscar objetivos para resolvê-los, "hipotetizar", testar, refutar, concluir.

E isso não cabe a um específico campo profissional, mas sim a diversos profissionais que assumam esse fazer como forma de trabalhar com pessoas com TEA. Nesse sentido, é possível pensar em modelos mais funcionais para o campo, no qual pessoas atuem em conjunto, minimizem custos e ampliem soluções de trabalho.

Nosso foco é apontar saídas para o trabalho em equipe com ABA, pois acreditamos que essa configuração se apresenta como um caminho mais viável para resultados eficazes para pessoas com TEA, e com isso novos produtos de pesquisa advirão desse encontro.

Atualmente, a intervenção em TEA que tem apresentado melhores resultados constitui-se em um conjunto de intervenções exclusivamente comportamentais em detrimento de outras intervenções. Em uma pesquisa feita por Eikeseth, Smith e Jahr (2002), um grupo de crianças com idades entre quatro a sete anos foi submetido a um tratamento comportamental exclusivo e outro grupo a um tratamento eclético durante um ano, ambos os grupos receberam quantidades semelhantes de tratamento.

O tratamento eclético consistia em várias intervenções diferentes, como o TEACCH, terapias sensório-motoras e a terapia comportamental, cada criança recebeu uma combinação de intervenções que foram selecionadas com base em recomendações de uma equipe multiprofissional, o tratamento comportamental foi feito com base em testes individuais e aplicava exclusivamente os princípios comportamentais com programações individualizadas, além disso os pais fizeram parte do tratamento e foram capacitados para estender a intervenção às suas residências.

Os resultados dessa pesquisa apontaram que as crianças do grupo com intervenção comportamental obtiveram ganhos significativamente maiores em testes padronizados do que as crianças do grupo com tratamento eclético.

Tais achados corroboram outras pesquisas, as quais apontam o número intensivo de horas do tratamento, a idade precoce do sujeito submetido ao tratamento, a composição de uma avaliação criteriosa para coleta de uma linha de base acurada, a formação de profissionais, como sendo muitas das variáveis que permitem com que um tratamento para pessoas com TEA seja considerado eficaz (Virues-Ortega, 2010), (Foxx, 2008) e (Dawson e Osterling, 1997).

Pensando nesse escopo, faz-se necessário arranjar contingências para estabelecer a condição de dependência entre as variáveis avaliação-planejamento-formação como o eixo fundamental para a construção de equipes que possam trabalhar em torno de objetivos em comum para melhores resultados em ABA para pessoas com autismo.

O primeiro passo, portanto, é avaliar, os protocolos de avaliação nos fornecem uma possibilidade ampla para organizar ações em uma equipe de intervenção constituída pelos mais diferentes profissionais, como médicos, psicólogos, fonoaudiólogos, terapeutas ocupacionais, psicopedagogos, educadores físicos e fisioterapeutas, pois não são exclusivos de um profissional.

Atualmente, na área, um dos protocolos mais usados tem sido o VB-MAPP (Sundberg, 2008), ele possui mais de 40 anos de pesquisas sobre os temas análise do comportamento aplicada e desenvolvimento infantil, enfatizando como principal marco generativo o comportamento verbal.

Composto por 5 etapas: 1 - Avaliação de Marcadores (0 a 48 meses), 2 - Avaliação de Barreiras, 3 - Avaliação de Transição, 4 - Análise de Tarefas e Rastreamento de Habilidades, 5 - Adequação e Objetivos do Programa de Educação Individualizada. É uma ferramenta com base nos princípios analítico-comportamentais, fundamentada na obra Verbal behavior (Skinner, 1957).

As principais etapas são 1 e 2, em que o avaliador precisa criar um perfil do avaliando, nas quais serão verificadas as habilidades que podem ser expressas nos diversos contextos, residencial, clínico, escolar e social. Concomitantemente, é verificado se o avaliando emite comportamentos interferentes que possam impedir o aprendizado de comportamentos socialmente relevantes, os quais são chamados de barreiras comportamentais. Portanto, avaliamos comportamentos que podem ser maximizados e comportamentos que devem ser futuramente minimizados.

Na etapa 3, é avaliada a capacidade de aprendizado em outros ambientes, habilidades de independência, autonomia, habilidades de vida funcionais, além de exigir do terapeuta-avaliador uma maior acurácia no conhecimento e autonomia de produção metodológica: criação de programas, folhas de registro, avaliação de evolução etc.

As etapas 4 e 5 são referentes à criação do perfil, ou seja, sistematização dos dados encontrados na avaliação e criação do Programa Educacional Individual – PEI. Nessa etapa, entra outro colaborador imprescindível: o supervisor. Ele, junto com a equipe, irá direcionar melhor as ênfases do repertório do avaliando para iniciar as intervenções. É o supervisor que auxilia a determinar quais programas para cada profissional, quais habilidades, quantas tentativas, quando passar de um programa para outro, quando avaliar um programa entrar em manutenção, iniciar a generalização, inserção da criança em grupos com pares e a quantidade, quais repertórios o avaliando é capaz de produzir em ambiente natural etc.

O VB-MAPP tem duas funções de avaliação: avaliação direta por meio da observação de repertórios comportamentais globais no contexto de avaliação, como também a avaliação indireta, pela entrevista inicial com os responsáveis legais pelo avaliando. As informações gerais deveriam ser coletadas por todos ao mesmo tempo. E aqui sugerimos uma divisão didática preliminar (fig. 1) para orientar os trabalhos de intervenção em equipe para pessoas com TEA, não restringindo o que é colocado nessa demonstração, que pode ser acessada pelo QR CODE a seguir:

Escaneie com seu celular e um aplicativo leitor de QR CODE.

Portanto, a avaliação pode ser feita com a colaboração de toda a equipe. O que tende a minimizar custos e acelerar o processo de avaliar, facilitando inclusive os registros de respostas do avaliando.

As colunas de avaliação de mando, tato, habilidade de ouvinte, emparelhamento de acordo com o modelo, brincar independente e social, imitação, ecoico, intraverbal, habilidades de ouvinte e falante por categorização de estímulos por classe, função e característica, habilidades de leitura, escrita, matemática etc. são respostas que acontecem simultaneamente e concomitantemente em contextos de estímulos múltiplos e que mais de um observador comparando estas respostas dará mais possibilidade de entender as funções de um comportamento.

Após a finalização da avaliação nos diversos contextos do avaliando das etapas 1, 2 e 3 do protocolo na casa, escola, clínica e ambiente social a equipe começará a traçar o plano educacional do avaliando buscando sistematizar estes dados em programas que possa corresponder ao perfil encontrado dando ênfase ao ensino de habilidades nos mais diversos contextos.

Ao término da avaliação, a equipe juntamente com o supervisor irá escrever o relatório de avaliação VB-MAPP que deverá conter: linha de base ou perfil do repertório dos marcadores do avaliando com as habilidades que ele é capaz de emitir; linha de base ou perfil de barreiras comportamentais, síntese dos programas gerais a serem implementados a curto, médio e longo prazo e especificação dos programas de cada profissional.

Dessa forma, a interseção entre formação (conhecimento da ciência da análise do comportamento), capacidade de avaliar e planejar possibilitam o trabalho em uma equipe com diversos profissionais que atuam em ABA.

Referências

CARR, E. G., DUNLAP, G., HORNER, R. H., KOEGEL, R. L., TURNBULL, A. P., SAILOR, W., et al. (2002). *Positive behavior support: Evolution of an applied science.* Journal of Positive Behavior Interventions, 4, 4–16.

COOPER, J. O. (1982). *Applied behavior analysis in education.* Theory Into Practice, 21, 114–118.

DAWSON, G., & Osterling, J.(1997).*Early intervention in autism.* In M.J.Guralnick (Ed.),

The effectiveness of early intervention (pp. 307-326). Baltimore: Paul H. Brookes.
DIXON, M. R. (2014a). *The PEAK Relational Training System: Direct Training Module*. Carbondale, IL: Shawnee Scientific Presschildren, 1997–2008. Pediatrics, 127(6), 1034–1042.
EIKESETH, S., SMITH, T., JAHR, E., & ELDEVIK, S. (2002). *Intensive behavioral treatment at school for 4- to 7- year-old children with autism: A 1-year comparison controlled study. Behaviour modification: Special Issue: Autism, Part 2*, 26, 49–68.
FERSTER, C. & DEMYER, M. K. (1961). *O desenvolvimento de performances em crianças autistas em um ambiente controlado automaticamente.* Journal of Chronic Diseases, 13 (4), 312-345.
FOXX, R. M. (2008). *Applied behavior analysis treatment of autism: the state of the art. Child and Adolescent Psychiatric Clinics of America*, 17(4), 821–834.
GREEN, G. (1996). *Early behavioral intervention for autism: What does research tell us?* In C.Maurice (Ed.), Behavioral intervention for young children with autism (pp.29-44).Austin, TX: Pro-Ed.
KANFER, F. H. & Saslow, G. (1976). *An outline for behavioral diagnosis.* Em E. J. Mash e L. G. Terdal (Ed.). Behavioral Therapy Assessment. New York: Springer Publishing Company, cap.5. Tradução: Noreen Campbell de Aguirre, com revisão técnica de Hélio José Guilhardi (ITCR).
LOVAAS, O.I., & SMITH, T. (1988). *Intensive behavioral treatment for young autistic children*.In B.B.Lahey & A.E.Kazdin (Eds.), *Advances in clinical child psychology (Vol.11, pp. 285-324).* New York: Plenum.
MAURICE, C. (1993). *Let me hear your voice.* New York: Knopf.
MCEACHIN, J.J., Smith, T., & LOVAAS, O.I.(1993).*Long-term outcome for children with autism who received early intensive behavioral treatment.* American Journal on Mental Retardation, 97, 359-372.
PARTINGTON, J. W., & SUNDBERG, M. L. (1998). *The assessment of basic language and learning skills: The ABLLS.* Pleasant Hill, CA: Behavior Analysts.
SUNDBERG, M. L. (2008). *The verbal behavior milestones assessment and placement program: the VB-MAPP.* Concord, CA: AVB Press.
VIRUÉS-ORTEGA, J. (2010). *Applied behavior analytic intervention for autism in early childhood: meta-analysis, meta-regression and dose–response meta-analysis of multiple outcomes.* Clinical Psychology Review, 30, 387–399.

Capítulo 4

A importância da família no tratamento do autismo

Sofia Macarini Vieira & Viviane Janaína Silva

O autista, antes de ser designado com esse diagnóstico, é um indivíduo que pertence a uma família, e é dentro desse núcleo que ele deve ser acolhido e estimulado para que se obtenha qualquer tratamento eficaz.

Sofia Macarini Vieira

Graduada em Psicologia pela Universidade Presbiteriana Mackenzie, pós-graduanda em Neuropsicologia pelo CETCC (Centro de Estudos em Terapia Cognitivo-Comportamental), aplicadora ABA, psicoterapeuta em clínica infantil e terapeuta responsável de escola especializada em crianças autistas.

Viviane Janaína Silva

Graduada em Psicologia pela Universidade Paulista, pós-graduada em Psicopedagogia Clínica, Institucional e TGD (Transtorno Global do Desenvolvimento) pela Universidade Candido Mendes. Capacitada em ABA pelo Núcleo Direcional. Acompanhante terapêutica e aplicadora ABA.

Contatos

Sofia
sofia_macarini@hotmail.com
(11) 96398-5807

Viviane
vivianejanaina2013@gmail.com
(11) 98278-9399

Sofia Macarini Vieira & Viviane Janaína Silva

Os primeiros passos para a eficácia do tratamento do Transtorno do Espectro Autista (TEA) são a realização do diagnóstico precoce e a utilização de intervenções que sejam cientificamente comprovadas para as queixas apresentadas. No entanto, parte importante nesse processo é a chamada psicoeducação com a família e cuidadores do paciente, além da aceitação do diagnóstico por parte dos cuidadores. O diagnóstico tem impacto significativo no tipo de tratamento recomendado, modifica a rotina da família de forma global, altera a forma de lidar com a criança em questão, pode trazer sofrimento emocional expressivo para os responsáveis pelo paciente, diante de uma carga grande de informações e modificações no núcleo familiar, além de pensamentos a respeito da perspectiva de desenvolvimento da criança diagnosticada com TEA (Bosa, 2006).

Diante do diagnóstico, a família percebe a necessidade de adequar diversos aspectos não previstos anteriormente por eles durante a criação do(a) filho(a). Estudos revelam que as cinco maiores preocupações apresentadas pelas famílias que acabaram de receber o diagnóstico referem-se ao aumento de investimento financeiro no tratamento da criança e, consequentemente, ao aumento da jornada de trabalho para que consigam abarcar todos os gastos; dificuldade nos cuidados exigidos pelo diagnóstico; a imprevisibilidade do prognóstico e a precariedade de diretrizes e programas sociais e governamentais que auxiliem no tratamento da criança e no apoio aos cuidadores e responsáveis. O suporte emocional para os pais das crianças com TEA tem importância significativa dentro da psicoeducação, uma vez que, ao sentirem-se acolhidos, compreendidos e apoiados, os estressores presentes dentro do núcleo familiar podem ser solucionados ou amenizados e a relação entre familiares e a execução do tratamento, consequentemente, apresentam melhora e maior eficácia (Bosa, 2006).

A psicoeducação torna-se chave fundamental nesse processo, ao informar e esclarecer todas e quaisquer dúvidas que os responsáveis pela criança possam ter a respeito do diagnóstico e maneiras de lidar com ele. Dessa forma, compreender de forma integral o que engloba o diagnóstico de TEA, quais as melhores e mais indicadas formas de intervenção e tratamento, quais os possíveis prognósticos e, além disso, o que se deve esperar em relação ao desenvolvimento da criança ao compará-la a uma criança com desenvolvimento típico. O último ponto levantado abarca importante preocupação e cobrança da família com relação à criança e àqueles que aplicam as intervenções, ao acreditar que seu filho não está se desenvolvendo como o esperado para sua faixa etária. Tal pensamento pode gerar uma descrença com relação ao tratamento realizado, ao passo que os profissionais responsáveis têm o dever de informar os pais, com bastante clareza, que o desenvolvimento e aprendizado da criança com TEA geralmente ocorrem com uma velocidade reduzida em relação às crianças que não possuem esse diagnóstico. Sendo assim, é importante que se atentem aos pequenos ganhos e avanços diários da criança para estimulá-la e fazê-la perceber que é capaz de evoluir e aprender dentro dos seus limites e potencialidades.

Além do apoio apresentado pelos profissionais encarregados pelo tratamento e psicoeducação familiar, é bastante divulgado que encontros e grupos de apoio entre pais e responsáveis de crianças com as mesmas dificuldades facilitam a aceitação do diagnóstico, por meio da troca de experiências positivas e inseguranças acerca dos tratamentos, formas de agir diante de comportamentos que ocorrem durante o dia a dia e a incerteza do prognóstico de seus filhos (Bosa, Schmidt, Semensato, 2010). Esse apoio e intercâmbio de informações favorecem a ampliação de possíveis alternativas de manejos comportamentais e tratamentos aplicados por diferentes profissionais, a partir dos relatos de pais que passam pelas mesmas dificuldades, mas que encontraram uma forma de lidar com as questões inerentes ao diagnóstico de TEA.

Generalização das intervenções no ambiente familiar

Com a descoberta do autismo, a criança demanda muitos cuidados e grande parte das famílias não sabe como lidar com a situação e entra em desespero, conforme mencionado anteriormente. Podemos compreender que todos passam a viver em função da criança em tempo integral. Grande parte dessas famílias não está preparada para enfrentar essa realidade sem receber orientação especializada. Cuidar de uma criança com autismo não é muito fácil, pode ser uma carga imensa –um simples passeio ao *shopping* pode tornar-se impossível.

Sabemos que hoje em dia temos uma diversidade de tratamentos para autismo, mas a que vamos enfatizar aqui é a Análise do Comportamento Aplicada (ABA), a qual tem comprovação científica de sua eficácia. Essa ciência trabalha para modificar comportamentos e desenvolver habilidades socialmente relevantes, partindo da premissa do ensino individualizado, iniciada por uma indicação ou instrução, incluindo o apoio quando necessário. Esse apoio deve ser retirado o mais rápido possível para que a criança não se torne dependente dele.

De acordo com a ABA, recomenda-se que, para que a criança generalize os novos comportamentos e habilidades, tais intervenções se estendam ao ambiente natural da criança e que sejam feitas de preferência em ambientes menos restritivos, para isso é preciso ensinar os pais e familiares.

É por meio da família que se mede a eficácia do tratamento recebido pelo autista, seja pela realização de uma simples atividade doméstica, como usar o banheiro, trocar de roupa, até relacionar-se. É por meio da família que o autista é inserido na sociedade, principalmente os pais, que trazem segurança, motivação e amenização de prováveis dificuldades. Dessa forma, pode-se dizer que a inclusão deve começar em casa, aceitando as dificuldades, adaptando-se às necessidades, trabalhando para que os impactos sejam os menores possíveis.

Somado a isso, é de extrema importância que a criança esteja inclusa num ambiente facilitador das interações sociais. Pois o grau de desenvolvimento da criança com autismo está diretamente ligado às questões de estimulação, atendimento individualizado e conhecimento apropriado para lidar com as situações do seu cotidiano.

Os autistas têm grandes dificuldades em generalizar, por exemplo: "aprender a guardar roupa no guarda-roupa", mas não conseguem apresentar a mesma resposta de que "as roupas devem ser guardadas em guarda-roupas se estiverem em outro ambiente", ou seja, eles podem adquirir muitas habilidades com as intervenções estruturadas, mas não apresentam as mesmas respostas em outras situações. Eles podem aprender literalmente uma regra, mas não entender seu propósito.

Um dos desafios mais difíceis no autismo é a generalização, por isso, se faz necessário que as intervenções sejam aplicadas e estendidas para outros ambientes, por isso é tão importante a participação e o conhecimento dos pais e família nas terapias. Mas também não podemos entender que sempre que o comportamento é mudado houve a generalização.

Para que ocorra a generalização, algumas estratégias foram indicadas, como por exemplo: tornar o ambiente em que acontece a intervenção o mais semelhante possível ao ambiente natural; usar esquemas intermitentes de reforçamento, bem como contingências em que o reforçamento seja natural; programar a generalização em diferentes condições, entre pessoas, ambientes e estímulos diferenciados, e realizar treinamento de pais.

Procedimentos de ensino da ABA podem ser ensinados a profissionais que trabalham com autismo, inclusive aos pais, para que eles ensinem suas crianças. O treinamento faz com que os pais utilizem em casa o que é aprendido dentro do consultório, exercitando as habilidades cognitivas dos filhos todos os dias. Para que o tratamento tenha melhores resultados, os pais devem participar do tratamento, ou seja, os pais devem a todo momento estimulá-los, pois cada criança é diferente uma da outra, é a família quem vai ajudar a elaborar o currículo de atendimento individualizado com o intuito de promover o máximo de autonomia e independências funcionais.

Atualização e *feedback* aos pais

Envolver os pais nas terapias de pessoas com TEA tem extrema importância, faz parte de qualquer terapia, para que seja alcançado um bom resultado das intervenções, que os pais e familiares acompanhem o desenvolvimento de seus filhos com frequência. Isso pode ajudá-los também a ter uma direção do que fazer com os filhos em casa, escola e sociedade, de acordo com o tipo de tratamento aplicado em ambientes controlados.

Uma família bem orientada pode contribuir com o desenvolvimento das crianças, assim como o tratamento precoce, isso significa que, quanto antes se tem o diagnóstico, mais cedo se inicia o tratamento e melhores prognósticos teremos.

Durante o *feedback*, o terapeuta e demais profissionais envolvidos no tratamento conseguem, juntamente com os pais e cuidadores, corrigir e alterar algum comportamento inadequado ou indesejado com base na ciência. Além disso, esse diálogo é altamente recomendado, uma vez que, como apresentado nos itens anteriores deste capítulo, os pais e cuidadores passam por um processo de conhecimento e assimilação do diagnóstico de TEA e aprendizado sobre as intervenções que serão aplicadas dentro e fora do ambiente terapêutico. Desse modo, para que os profissionais tenham a garantia de que as intervenções estão sendo aplicadas de forma consistente e correta, há a necessidade dessa troca de informações a respeito do ambiente familiar e social da criança, como meio de garantir a generalização dos aprendizados e realizar a manutenção de comportamentos adquiridos (Andrade et al, 2016).

Por fim, é importante também para os pais observarem e estarem cientes dos avanços e habilidades de seus filhos. Desse modo, eles passam a ter maior confiabilidade no tratamento e credibilidade no potencial de aprendizado da criança em questão. Todavia, deve haver uma periodicidade nesses encontros, para que a intervenção seja adequada para um objetivo pontual, podendo ser modificada de acordo com a queixa atual do paciente. O *feedback*, portanto, tem o papel de apresentar os resultados obtidos com as intervenções realizadas, ensinar os pais e cuidadores a aplicar as estratégias em outros ambientes e planejar as próximas etapas do tratamento, ampliando, assim, o aprendizado da criança.

Referências
ANDRADE, A.; OHNO, P.; MAGALHÃES, C; BARETO, I. *Ciências e cognição*, 2016, v.21(1), pp.7-22.
BOSA, C. Autismo: intervenções psicoeducacionais. *Revista Brasileira de Psiquiatria*, 2006, pp.47-53.

BOSA, C.; SCHMIDT, C. *A investigação do impacto do autismo na família: revisão crítica da literatura e proposta de um novo modelo*. Interação em Psicologia, 2003, 7(2), pp.111-120.
BOSA, C.; SCHMIDT, C.; SEMENSATO, M. *Grupo de familiares de pessoas com autismo: relatos de experiências parentais*. Altheia, 2010, 32, pp.183-194.
FAZZIO, D. F. *Intervenção comportamental no autismo e deficiências de desenvolvimento: uma análise dos repertórios propostos em manuais de treinamento*. Dissertação para o título de mestre, Programa de Estudos Pós-Graduados em Psicologia Experimental: Análise do Comportamento da Pontifícia Universidade Católica, São Paulo, 2002.
LAFASAKIS, M.; STURMEY P. Training parent implementation of discrete-trial eaching: effects on generalization of parent teaching and child correct responding. *Journal of Applied Behavior Analysis*, 2007, 40(4), pp.685-689.
LORD, C.; RUTTER, M. *Autism and pervasive developmental disorders*. In: RUTTER M.; TAYLOR E.; HERSOV L. Child and adolescent psychiatry: modern approaches. 4.ed. Oxford, UK: Blackwell Publishing, 2002, pp. 569-593.

Capítulo 5

A importância da Intervenção Comportamental Precoce e Intensiva no autismo

Fernanda Nisihara

O crescente aumento da prevalência do Transtorno do Espectro do Autismo (TEA) no mundo aumenta a necessidade de tratamentos comportamentais baseados na ciência ABA (Applied Behavior Analysis). A intervenção comportamental intensiva precoce (EIBI – Early Intensive Behavioral Intervention) é um tratamento baseado nos princípios da análise do comportamento aplicada.

Fernanda Nisihara

Psicóloga graduada pela Universidade Presbiteriana Mackenzie. Pós-graduada em Análise do Comportamento. Foi sócia do Núcleo Direcional. Atua há 15 anos no tratamento de crianças com TEA. Terapeuta e supervisora ABA. Consultora de escolas e famílias. Palestrante de cursos de Análise do Comportamento e Autismo.

Contatos
Instagram: @psicologa_fernanda_nisihara
(11) 99600-1598

> "EIBI usa a ABA, mas a ABA é muito
> mais amplo que o EIBI."
> **(Reichow B, Hume K, Barton E.E, Boyd B.A)**

Análise Aplicada do Comportamento (Applied Behavior Analysis - ABA) é uma ciência que utiliza princípios de comportamento cientificamente estabelecidos. Já foi comprovada, por meio de diversos estudos, a sua eficácia no tratamento de indivíduos com TEA (Transtorno do Espectro Autista). Em 1978, Lovaas descreveu a Early Intensive Behavioral Intervention – EIBI, um ensino com algumas características, dentre elas: a intensidade de sua aplicação (40 horas semanais); a durabilidade (no mínimo dois anos) (Lovaas,1987; Salows, Graupner, 2005); e a precocidade (antes dos quatro anos de idade – Cautili, Hancock, Thomas, Tillman, 2002; Landa, 2007). A intervenção precoce para crianças com TEA é composta de terapias ou intervenções e serviços.

A EIBI foi descrita por Green, Brennan e Fein (2002, p.70) com as seguintes características:

1. A intervenção é individualizada e abrangente, abordando todos os domínios de habilidades;

2. Procedimentos da análise do comportamento são usados para o ensino de novas habilidades e diminuição de comportamentos inadequados, como por exemplo reforço diferencial, DTT (Discrete-trial instruction – Tentativa Discreta), Ensino Incidental, análise de tarefas e outros;

3. A intervenção é realizada por profissionais capacitados em análise do comportamento, além da experiência com crianças pequenas com autismo;

4. Sequências normais de desenvolvimento orientam a seleção de metas de intervenção e objetivos de curto prazo;

5. Os pais participam da terapia ativamente;

6. A intervenção, a princípio, é realizada de forma individual, podendo progredir para o atendimento em pequenos ou grandes grupos, se necessário;

7. A intervenção pode iniciar-se em casa ou em um ambiente estruturado, com transições sistemáticas e graduais para a escola, quando as crianças desenvolvem as habilidades necessárias para a generalização nesses ambientes.

8. A programação é intensiva, inclui de 20 a 30 horas de sessões estruturadas por semana, além de instruções parentais no restante do tempo;

9. Na maioria dos casos, a duração da intervenção é de dois anos ou mais;

10. A idade ideal para início da terapia é entre três e quatro anos.

Com essa descrição feita acima, consegue-se perceber a dificuldade para que esse tratamento seja implementado no Brasil, porém não se pode deixar de relatar a importância e a relevância desse modelo, além de procurar alternativas para que ele seja realizado de maneira correta, como por exemplo o treino de pais.

No trabalho inicial de Lovaas (1987), o seu estudo foi realizado com crianças menores de quatro anos, porque se supôs que crianças mais novas teriam menor probabilidade de discriminar entre ambientes e, portanto, maior probabilidade de generalizar e manter seus ganhos de tratamento. Por fim, assumiu-se que seria mais fácil obter êxito na integração de uma criança autista muito jovem na pré-escola do que seria integrar uma criança autista mais velha na escola primária.

Na EIBI, as habilidades que as crianças precisam desenvolver ou aprimorar são abordadas por meio do desenvolvimento de um programa de intervenção individual. Esse ensino ocorrerá utilizando tecnologias desenvolvidas para a criança e por meio da ciência ABA. Faz-se necessário realizar análises funcionais para o manejo de comportamentos-problemas. Além da participação dos pais, em que eles implementam, gerenciam ou auxiliam no planejamento e na entrega do tratamento, o que é pensado para aumentar a eficácia do tratamento.

O objetivo principal da intervenção é que as crianças se desenvolvam não só em um ambiente controlado, mas que elas possam replicar o aprendizado em seu ambiente natural. As crianças progridem de maneira individualizada, por isso a importância de ser uma terapia individualizada, utilizando tecnologias desenvolvidas para elas.

Normalmente, a programação inicial envolve o ensino de habilidades básicas, como imitação, mando (fazer pedidos), ouvinte (seguir instruções e identificação), tato (nomear), percepção visual/emparelhamento, brincar e social. A programação avança para o ensino de habilidades mais complexas, como conceitos abstratos iniciais e respostas a perguntas simples (respostas de uma palavra).

O avanço da programação depende do aprendizado da criança. Uma programação adicional enfatiza a comunicação com frases completas e o aprendizado de novas habilidades mais rapidamente, já que as habilidades iniciais já estão consolidadas. Ocorre também o início da busca de interações mais elaboradas com os pares. A programação avança para um treino em ambiente natural (Natural Environment Training – NET), ou seja, mais próximo da vida cotidiana. A criança aprende o brincar funcional e o brincar compartilhado, para assim partir para uma fase importante: o aprender em grupo e fazer amigos.

Referências

CAUTILLI, J. D.; HANCOCK, M. A.; THOMAS, C. A.; Tillman, C. *Behavior Therapy and Autism: Issues in Diagnostic and Treatment. The Behavior Analysis Today*, 2002, 3, pp. 229-242.

GREEN, G.; BRENNAN, L. C.; FEIN, D. *Intensive behavioral treatment for a toddler at high risk for autism. Behavior Modification*, 2002, 26, 69–102.

LANDA, R. *Early Communication Development and Intervention for Children with Autism. Mental Retardation and Developmental Disabilities Research Reviews*, 2007, 13, pp.16-25.

LEAF, R.; MCEACHIN, J. *A Work in Progress.* New York: DRL Brooks Inc, 1999.

LOVAAS, O. I. *Behavioral Treatment and Normal Educational and Intellectual Functioning in Young Autistic Children. Journal of Consulting & Clinical Psychology*, 1987, 55, pp.3-9.

MACDONALD, R.; PARRY-CRUWYS, D.; DUPERE S.; AHEARN, W. *Assessing progress and outcome of early intensive behavioral intervention for toddlers with autism. Research in Developmental Disabilities*, 2014, 35, pp.3632-3644.

REICHOW, B.; HUME, K.; BARTON, E.E.; BOYD, B.A. *Early intensive behavioral intervention (EIBI) for young children with autism spectrum disorders (ASD).* Cochrane Database of Systematic Reviews, 2018, Issue 5. Art. No.: CD009260. DOI: 10.1002/14651858.CD009260.pub3.

SALLOWS, G. O.; GRAUPNER, T. D. *Intensive Behavioral Treatment for Children with Autism: Four-Year Outcome and Predictors.* American Journal of Mental Retardation, 2005, 110, pp.417-428.

Capítulo 6

Comunicação aumentativa e alternativa no Transtorno do Espectro Autista

Carine Cruz Ferreira & Ana Paula Gastão Orlandin

Neste capítulo, iremos abordar a história, os tipos e as evidências científicas relacionadas à Comunicação Aumentativa e Alternativa (CAA). Esperamos esclarecer possíveis dúvidas e desmistificar falsas crenças em relação a essas possibilidades tão ricas e importantes para a comunicação.

Carine Cruz Ferreira

Fonoaudióloga pela UnG, especialização em Linguagem e Fala, mestre em Ciências, aprimoramento em Análise do Comportamento Aplicada, pós-graduação em Intervenções Precoces no Autismo baseado no Modelo Denver. Formação em PECS (avançado), PROMPT, formação profissional em Intervenções Naturalistas baseado no Modelo Denver. Experiência nos casos de Transtorno do Espectro Autista, atuando desde o diagnóstico até a intervenção.

Ana Paula Gastão Orlandin

Fonoaudióloga pela Santa Casa de Misericórdia de São Paulo. Mestre em Comunicação Humana. Aprimoramento em Psiquiatria Infantil pela USP. Capacitação em Análise do Comportamento Aplicada. Formação em PECS (nível I). Experiência nos casos de Transtorno do Espectro Autista, atuando na intervenção com foco na comunicação, linguagem e seletividade alimentar.

Contatos

Carine
carineferreira_fono@yahoo.com.br

Ana
apgastao@gmail.com

Carine Cruz Ferreira & Ana Paula Gastão Orlandin

A condição de comunicação é inerente ao ser humano, desenvolvida desde o nascimento, exercida das mais variadas formas. Comunicar-se é transmitir uma emoção, uma ideia, um desejo; posicionar-se, interagir, questionar, socializar-se.
Para que um indivíduo consiga transmitir sua mensagem de maneira efetiva, normalmente utiliza diversas formas associadas, como o uso de gestos, enfatizando e reiterando parte do que é falado. Na ausência da condição de fala, como no caso dos bebês, resta a manifestação de suas sensações por meio de vocalizações, gritos e choros, risos, expressões faciais e expressões corporais.

No Transtorno do Espectro Autista (TEA), as alterações de linguagem geralmente são caracterizadas por atrasos significativos ou ausência total de desenvolvimento dessa habilidade e as verbalizações, quando presentes, exibem parâmetros anormais de prosódia, e em muitos casos a comunicação é realizada por meio de gestos.

A pessoa autista apresenta dificuldade em iniciar e manter diálogos, em interpretar palavras e frases usadas pelo interlocutor, em dominar diferentes formas explícitas ou implícitas da linguagem, em analisar forma e estilo de apresentação de uma mensagem ou adequar em relação ao contexto, ao ambiente ou ao ouvinte.

O que é Comunicação Alternativa?

O termo Comunicação Alternativa é utilizado no Brasil de diversas formas: Comunicação Suplementar e Alternativa (CSA), Comunicação Alternativa e Ampliada (CAA), Comunicação Alternativa e Suplementar (CAS) e Comunicação Alternativa e Aumentativa (CAA). Todos esses termos remetem à mesma definição e variam sua nomenclatura dependendo dos grupos de pesquisa nos quais se encontram.

Os estudos de comunicação alternativa e/ou suplementar começaram a ser desenvolvidos a partir da década de 1970, quando se começou a repensar as definições da deficiência mental, física ou auditiva, levando-se em conta que se trata, também, de grupos "marginalizados" na sociedade, mas que deveriam participar e poderiam ser capazes. Comunicação aumentativa e/ou alternativa refere-se a todas as formas de comunicação que possam complementar, aumentar e/ou substituir a fala. Dirige-se a cobrir as necessidades de recepção, compreensão e expressão da linguagem e, assim, aumentar a interação comunicativa dos indivíduos não falantes.

Segundo a American Speech-Language-Hearing Association (ASHA), destina-se a compensar e facilitar, permanentemente ou não, prejuízos e incapacidades dos sujeitos com graves distúrbios da compreensão e da comunicação expressiva (gestual, falada e/ou escrita). É uma área da prática clínica, educacional e de pesquisa e, acima de tudo, um conjunto de procedimentos e processos que visam maximizar a comunicação, complementando ou substituindo a fala e/ou a escrita.

Preconiza-se que o fonoaudiólogo deve estar atento e sintonizado às diretrizes (*guidelines*) sobre Comunicação Alternativa da ASHA, as quais ressaltam as responsabilidades, os conhecimentos e as habilidades dos fonoaudiólogos com relação a essa área do conhecimento.

Sistemas de CAA

A literatura a respeito de Comunicação Alternativa tem apontado para uma série de conjuntos e/ou sistemas de símbolos que permitem a comunicação de pessoas que não produzem linguagem oral, como, por exemplo, Sistema "Bliss", Picture Exchange Communication System – PECS, Picture Communication Symbols – PCS e Pictogram Ideogram Communication – PIC.

O processo de escolha dos recursos e/ou estratégias de comunicação suplementar e/ou alternativos a serem utilizados deve ser feito com muita cautela e participação conjunta da família e da escola. A devida seleção e implementação desses recursos e estratégias poderão garantir a efetividade da comunicação do usuário não falante e sua interação em diferentes ambientes naturais. A decisão dos materiais pode estar vinculada desde o uso de objetos, figuras, fotos até os sistemas de símbolos já organizados, como os citados acima, além do uso dos gestos, língua de sinais e a escrita.

Os sistemas de comunicação podem ser de alta tecnologia, como no caso do uso de computadores, máquinas que sintetizam sons, tabuleiros sonoros e de baixa tecnologia, como o uso dos sistemas em tabuleiros e pranchas confeccionados em papel.

Comunicação Alternativa e a evidência científica nos casos de TEA

Sabe-se que alguns autistas são considerados não verbais, uma vez que não são hábeis para utilizar o código linguístico. E tampouco usam gestos para compensar a ausência de fala. Sendo assim, a habilidade comunicativa desses indivíduos pode ser beneficiada pelo uso do sistema de comunicação alternativa Picture Exchange Communication System – PECS.

O PECS é atualmente um dos programas de comunicação mais utilizados mundialmente para indivíduos autistas não verbais. Esse sistema é composto por figuras/fotografias selecionadas de acordo com o repertório lexical de cada indivíduo e envolve não apenas a substituição da fala por uma figura, mas também incentiva a expressão de necessidades e desejos, também possibilita à pessoa com dificuldade de comunicação expressar suas vontades e escolhas com funcionalidade. Pode funcionar como uma comunicação suplementar, nos casos em que a fala não é suficiente para ser compreendida (compreensão inferior a 80%), ou como uma comunicação alternativa, quando não há fala.

Cabe salientar que esse sistema não tem como objetivo a substituição da fala, mas funcionar como dica e estímulo para o desenvolvimento da linguagem falada. Por isso é fundamental que, durante o uso, o ouvinte dê o modelo vocal do que a criança está expressando pelas figuras, aumentando a chance de a criança repetir esse modelo.

Segundo os autores Bondy e Frost, o PECS tem os objetivos de ensinar a comunicação funcional; aumentar a intenção (emissão de tatos, mandos e intraverbais dirigidos a alguém) da criança com o meio social; transferir gradualmente o controle de estímulos das figuras para o objeto em si; reforçar o surgimento de verbalizações funcionais; diminuir os comportamentos-problema que ocorrem em resposta à frustração por não conseguir se comunicar; aumentar as oportunidades de a criança se comunicar socialmente, afinal, o fato de a criança conseguir o que quer usando as figuras torna o ato de procurar o outro mais reforçador.

Não há evidências de que o PECS iniba o desenvolvimento da comunicação vocal; ao contrário, alguns estudos têm mostrado apenas impactos positivos sobre o desenvolvimento das verbalizações. Por isso, as pesquisas com o PECS aumentaram muito nas últimas décadas, mostrando suas relações com habilidades sociais e com controle de comportamento.

Existem inúmeros estudos comprovando cientificamente que o PECS é eficaz para pessoas que não falam, para o desenvolvimento da linguagem e ampliação do vocabulário e, para os que falam, estruturar a sintaxe e expandir o discurso.

Alguns estudos têm apontado as três fases iniciais como as primordiais para uma implementação bem-sucedida do sistema, uma vez que promovem a capacidade de discriminação das figuras, tornando o usuário independente e autônomo em suas escolhas e em sua apropriação do sistema.

A implementação deve ser feita por fonoaudiólogos experientes e é realizada em seis fases, descritas a seguir:

Fase I (troca física: como comunicar): a criança é incentivada a usar os cartões com o objetivo de solicitar/mostrar o seu desejo por um objeto que lhe é atrativo.

Na fase II (distância e persistência), o objetivo é que a criança compreenda efetivamente a importância do uso dos cartões e persista em usá-los em qualquer situação comunicativa.

Na fase III (discriminação de figuras), a criança é incentivada a selecionar uma figura-alvo, dentre várias opções. Ela deve discriminar os cartões e entregar ao parceiro de comunicação aquele adequado à situação.

Na fase IV (estrutura da sentença), aprende-se a construir frases com os cartões, utilizando verbos de ação (ex: querer) e atributos dos objetos (ex: cor, tamanho).

Na fase V (responder ao o que você quer?), há incentivo de resposta para a pergunta "O que você quer?", por meio de frases simples construídas com os cartões.

Na fase VI (comentar), há respostas às perguntas tais como: "O que você está vendo?". "O que você está ouvindo?"; "O que é isso?", utilizando frases simples com os cartões.

É importante estarem cientes de que para a garantia de uma implementação eficiente do sistema é fundamental a seleção adequada dos vocábulos preferenciais de cada indivíduo. Esses vocábulos incentivarão o comportamento comunicativo interpessoal.

Muitos profissionais da área da saúde ainda não aceitam e não indicam o PECS como uma possibilidade alternativa para a comunicação para as pessoas autistas, por acreditarem que pode inibir a fala. As famílias das crianças com desenvolvimento atípico também tendem a resistir a essa solução por não conhecerem a relação que existe entre esse treino e o desenvolvimento da comunicação oral. Logo, são extremamente importantes estudos que avaliem essa relação, pois, muitas vezes, a possibilidade de aplicar um determinado procedimento no tratamento dessas crianças depende da existência de dados que comprovem sua eficácia.

Cabe salientar, também, que o fonoaudiólogo é fator importantíssimo no processo de intervenção dessas pessoas, uma vez que lida com a ciência que cuida da comunicação humana e é o profissional responsável capacitado a estimular e desenvolver essas habilidades.

Referências
ASHA: American Speech-Language-Hearing Association. [Internet]. *Guidelines for speech-language pathologists in diagnosis, assessment, and treatment of ASD*. Maryland: ASHA, 2006 [citado em 25.maio.2007]. Disponível em: <http://www.asha.org>.
BONDY A; FROST L. *Manual de treinamento do sistema de comunicação por troca de figuras*. Newark: Pyramid, 2009.
BONDY A. PECS: *Potential benefits and risks.* Behav Anal Today, 2001.
CESA, C.C; MOTA, H.B. *Comunicação aumentativa e alternativa: panorama dos periódicos brasileiros.* Revista CEFAC, São Paulo, v. 17, n. 1, fevereiro de 2015, pp. 264-269.
CUSIN, Dionísia Aparecida; OLIVEIRA E. Brito, LAMÔNICA, Denise Brandão de

(orgs). *Tratado de Linguagem: perspectivas contemporâneas,* 1. ed. Ribeirão Preto: Book Toy, 2016, pp.115-122.

EARLY, L.R. *Early communication development and intervention for children with autism.* Mental retardation and developmental disabilities research reviews, 2007; 13: 16-25.

FERREIRA, C. et al. *Selection of words for implementation of the Picture Exchange Communication System – PECS in non-verbal autistic children.* CoDAS, São Paulo, v.29, n.1, e20150285, 2017.

FLIPPIN M.; RESZKA S; WATSON L.R. *Effectiveness of the Picture Exchange Communication System (PECS) on communication and speech for children with autism spectrum disorders: a meta-analysis.* Am J Speech Lang Pathol. 2010;19(2):178-95.

LERNA A. et al. *Social-communicative effects of the Picture Exchange Communication System (PECS) in autism spectrum disorders.* Int J Lang Commun Disord, 2012;47(5):609-17.

PERES, C.D., SILVA, L.C. e; VELLOSO, R. *Estratégias da análise do comportamento aplicada para pessoas com transtorno do espectro do autismo.* São Paulo: Memmon Edições Científicas, 2018, pp. 197-203.

SAAD A.G. de F., GOLDFELD M. *A ecolalia no desenvolvimento da linguagem de pessoas autistas: uma revisão bibliográfica.* Pró-Fono R. Atual. Cient. 2009; 21(3): 255-260.

TAMANAHA A.C.; ISOTANI S.M.; BEVILACQUA M.; Perissinoto J. *O uso da comunicação alternativa no autismo: baseando-se em evidências científicas para implementação do PECS.* In: NUNES, LRO, PELOSI, MB, Walter CCF. Compartilhando experiências. Marília: APBEE, 2011, pp.175-182.

TAMANAHA, A.C.; PERISSINOTO, J. *Transtornos do Espectro do Autismo: implementando estratégias para a comunicação.* 1ª edição. Ribeirão Preto. Book Toy 2019, pp. 157-160.

Capítulo 7

Autismo: a cognição social, o funcionamento do cérebro neurotípico

Thamara Bensi

Neste artigo, você entenderá um pouco sobre o funcionamento do cérebro neurotípico e sua relação com a cognição social.

Thamara Bensi

Psicóloga (UMESP), especializada em Neuropsicologia (FMUSP) e Psicomotricidade Neurofuncional (FMABC). Experiência em avaliação neuropsicológica e intervenção comportamental frente à demanda em atraso ou transtornos do desenvolvimento neuropsicomotor em centros de reabilitação especializados. Atua como coordenadora técnica de um Centro de Reabilitação Infantil para crianças diagnosticadas com Transtorno do Espectro Autista (TEA), assim como supervisora do setor de avaliação neuropsicológica.

Contatos
thabensi3@gmail.com
(11) 94757-1213

O chamado Transtorno do Espectro Autista (TEA) mostra-se como um conjunto de fatores etiológicos. Um deles é a rede social do cérebro que envolve uma série de estruturas que demonstram estar ativamente envolvidas no processamento de informação social, emocional e comportamental, o que chamamos de cognição social.

Dessa forma, é útil considerar como é que a "rede social do cérebro" funciona em indivíduos com TEA, para que possamos delinear intervenções que promovam o desenvolvimento dela, possibilitando a ampliação no repertório frente à díade diagnóstica, ou seja, a interação social, comunicação e comportamentos repetitivos e restritos.

Para tanto, vamos entender um pouco da neuropsicologia, uma área da Psicologia que tem como objetivo investigar a relação de aspectos do sistema cerebral, cognitivo e comportamental.

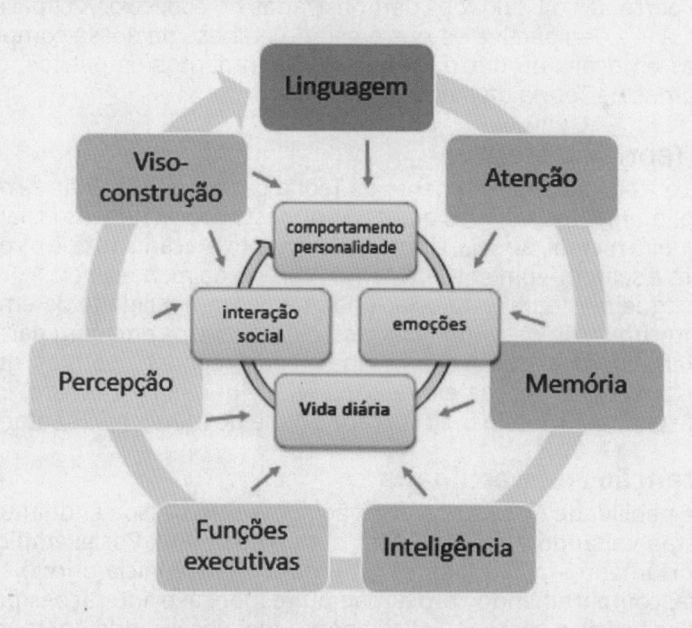

Figura 1: representação do que a neuropsicologia aborda.

Apesar de o autismo ter variadas causas que envolvem fatores genéticos e ambientais, cada um deles acaba por afetar as regiões principais do cérebro que estão envolvidas com o desenvolvimento social e comunicativo. Regiões essas como partes do lobo temporal, amígdala e partes do córtex pré-frontal.

Referente ao lobo temporal, essa região do cérebro é responsável pela detecção e interpretação de informações sociais, o que chamamos de "expressões faciais". Nos seres humanos ocorre o que se chama de "processo de espelhamento", quando a atividade cerebral de uma pessoa é muito semelhante à de alguém que apenas observa o movimento, possibilitando com que imitemos como, por exemplo, quando alguém boceja à sua frente, a probabilidade de você bocejar em seguida é alta, assim como um bebê que vê uma pessoa sorrindo para ele e repete o comportamento.

O cérebro funciona como um "simulador de ação": ensaiamos ou imitamos mentalmente toda ação que observamos. Portanto, a imitação é um mecanismo fundamental para o desenvolvimento de uma criança, estando ligada às habilidades motoras, de comunicação e interação social. Por isso que a neurociência vem estudando a relação do Transtorno do Espectro Autista (TEA) com os neurônios-espelhos, pois esses neurônios regem diretamente os comportamentos, os quais fazem parte das dificuldades demonstradas no espectro. A capacidade de simular a perspectiva do outro estaria na base de nossa compreensão das emoções do outro, de nossos sentimentos empáticos, o que chamamos de Teoria da Mente.

A Teoria da Mente

O conceito de processamento da Teoria da Mente (ToM) não se refere, de fato, a uma "teoria", mas a um déficit neste processamento chamado de cegueira mental, ou seja, é um entendimento precário do que os outros pensam e sentem – um entendimento precário da mente alheia.

A cegueira mental está relacionada à nossa habilidade de empatia e de interpretação das intenções, as quais os outros emanam para nós. Por exemplo, olhar para uma pessoa e compreender – sem perguntar, apenas por observar sua expressão facial – que ela está triste. Enfim, é o que chamamos de déficit na capacidade de metarrepresentação.

Atenção compartilhada

É a habilidade de dividir a atenção com outra pessoa enquanto ambas estão voltando a atenção para o mesmo objeto. Por exemplo, são comportamentos apresentados quando a criança inicia o jogo social, ou seja, compartilhando com a mãe ou responsável interações por expressões faciais e contato visual, apontando, vocalizando, imitando ou seguindo o olhar do outro.

A criança dentro do espectro autista apresenta dificuldade nessa habilidade, que visa o compartilhamento do foco da atenção. Isso acontece devido às dificuldades com contato visual, em responder pelo nome e demonstrar emoções e sensações.

Como não desenvolve adequadamente a atenção compartilhada, não consegue compartilhar interesses e acaba por não receber modelagem ambiental correta, o que incentiva o desenvolvimento de comportamentos inadequados futuros e, consequentemente, dificuldades de interação social.

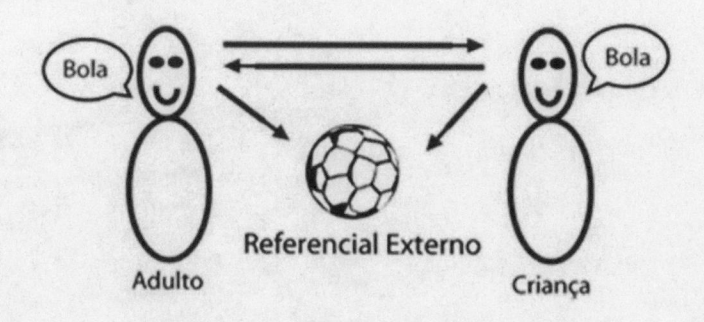

Figura 2: representação de como ocorre a atenção compartilhada.

O autismo sob a ótica neuropsicológica

Os prejuízos neuropsicológicos encontrados no TEA têm relação com o lobo pré-frontal, afetando as funções executivas, com o lobo frontal, prejudicando a função motora, e com o hemisfério esquerdo, interferindo na linguagem. Dessa maneira, é de suma importância o perfil neuropsicológico frente ao TEA, para que assim o diagnóstico e tratamento sejam realizados de maneira precisa e diferencial.

As estruturas cerebrais não são independentes, ou seja, funcionam em "equipe" para que seja possível formar redes complexas que suportem comportamentos complexos, como por exemplo: motricidade, atenção, cognição, linguagem e comportamento social, sendo a base para todo um desenvolvimento e aprendizagem.

Da mesma maneira que o cérebro funciona em "equipe", é importante trabalhar em conjunto com toda a equipe clínica, escolar e familiar do paciente, para que a precisão do tratamento seja alcançada e melhor qualidade de vida seja proporcionada para as pessoas do TEA e suas famílias.

Referências
AMÂNCIO, E. Pensadores visuais. *Revista Mente e Cérebro - Doenças do Cérebro: Autismo*, v.6. 2.ed. São Paulo: Duetto, 2012.
DAWSON, G.; ROGERS, J. S. *Intervenção precoce em crianças com autismo – Modelo Denver para a promoção da linguagem, da aprendizagem e da socialização*, 2014.
MIOTTO, E. C. *Neuropsicologia clínica*. São Paulo: Roca, 2012.
RAMACHANDRAN, V. S. A chave da empatia. *Revista Mente e Cérebro - Doenças do Cérebro: Autismo*, v.6. 2.ed. São Paulo: Duetto, 2012.
SILVA, A. B. B. *Mundo singular: entenda o autismo*. Rio de Janeiro: Objetiva, 2012.

Capítulo 8

Neurofeedback e autismo

Patrícia Zocchi

Já ouviu falar em *neurofeedback*? Poderia imaginar um método que mostra o funcionamento do cérebro em tempo real, treina e desenvolve habilidades? Neste capítulo, conheça a metodologia que une neurologia, psicologia e tecnologia e perceba como ela pode ser uma opção no arsenal terapêutico que envolve o tratamento da criança ou adulto dentro do espectro do autismo.

Patrícia Zocchi

Psicóloga com graduação e licenciatura plena pela UNIA (2003), especialização em Psicopedagogia pela UBC (2006), formação em Terapia Cognitivo-Comportamental pelo CETCC (2009), prática em *Neurofeedback* pela The Learning Curve (2011), curso avançado em *Neurofeedback* pela Itallis (2013) e especialização em Neuropsicologia com foco em Reabilitação Cognitiva pela USP (2017). Tornou-se supervisora e tutora pela Brain-Trainer (2016), ministrando cursos de formação em *Neurofeedback*. Responsável pela PotencialMente – Academia Cerebral, que atende crianças, adultos e idosos com metodologia de *Biofeedback* e *Neurofeedback* em São Paulo.

Contatos
www.potencialmenteacademia.com.br
contato@potencialmenteacademia.com.br
Instagram: @patriciazocchi_neurofeedback
Facebook: @potencialmente.contato
WhatsApp: (11) 99879-1020

Patrícia Zocchi

"Transforme seu cérebro, transforme sua vida."
Daniel G. Amen

O cérebro no autismo: uma perspectiva dada pelo eletroencefalograma

O TEA – Transtorno do Espectro Autista – é um transtorno do neurodesenvolvimento infantil caracterizado por dificuldades na interação social e na comunicação, comportamentos repetitivos, interesses específicos e restritos, sensibilidade sensorial, entre outros sintomas. Esses prejuízos se dão desde a infância, podendo ser percebidos muito cedo, embora, em muitos casos, o diagnóstico possa demorar, principalmente em graus mais leves.

Por ser um transtorno neurológico, percebemos que o funcionamento cerebral dos indivíduos com TEA se dá de forma diferente daqueles indivíduos considerados neurotípicos. Neste capítulo, iremos abordar essas diferenças tendo como princípio o padrão de eletroencefalograma, ou seja, o EEG, que registra a atividade elétrica espontânea do córtex, identificando diferentes faixas de ondas cerebrais. As ondas cerebrais são criadas por pulsos elétricos sincronizados e produzidos pelos neurônios quando eles se comunicam. As ondas são então classificadas segundo suas frequências, de baixas a altas, sendo as mais baixas geralmente responsáveis por uma lentificação na área predominante e as mais altas, também geralmente, responsáveis por uma hiperativação da área predominante. Existem cinco frequências medidas pelo EEG, aqui falaremos das três mais importantes:

- *Theta* **(4-7Hz):** quando estamos em estado criativo e de profundo relaxamento;

- *Alpha* **(8-15Hz):** possibilita o estado de calma;

- *Beta* **(16-31Hz):** sinaliza um córtex ativo importante para atividade intelectual, responsável pelo foco, porém frequências acima de 20Hz podem estar relacionas à hipervigilância, estresse ou ansiedade.

No cérebro do indivíduo com TEA, essas frequências podem sugerir informações relevantes e específicas para uma melhor compreensão neurofisiológica do transtorno e permitir que, a partir dessas informações, se estabeleça um protocolo de treinamento por *neurofeedback* individualizado, promovendo mudanças duradouras.

Tendo isso em vista, é importante esclarecer quais são as alterações usuais encontradas no mapeamento cerebral de um indivíduo dentro do espectro. Segundo um estudo de Coben et al (sob revisão), que mapeou o cérebro de 91 indivíduos com TEA, em oposição a 310 indivíduos neurotípicos, desordens nos padrões de ondas de frequências *alpha* e *theta* foram observadas em mais de 50% dos cérebros mapeados de pessoas com o transtorno. Outros mais de 25% foram apontados com um excesso de ondas de frequência *beta*.

Assim como em outros estudos, como o de Thompson e Thompson (2010), notou-se que a manifestação do TEA no EEG pode ter causas que não se restringem apenas a alterações no padrão de ondas de uma única frequência, mas que pode envolver atividades atípicas tanto de frequências lentas como de frequências rápidas. Isso está em conformidade com o esperado para o transtorno, uma vez que se trata de um espectro amplo, variando de indivíduo para indivíduo.

O que é *neurofeedback*

Também conhecido como *biofeedback* EEG, o *neurofeedback* é um treinamento cerebral que ensina o cérebro a se manter em um padrão de frequência eficiente para manutenção da saúde e bem-estar. Considerado um treinamento não invasivo, indolor e sem contraindicações, o *neurofeedback* se utiliza de uma capacidade inata do nosso corpo de se autorregular.

Diferentemente do que muitos pensam, a metodologia do *neurofeedback* não é uma novidade. Apesar de estar mais difundida em países como EUA, Canadá e Japão, no Brasil os relatos datam de 40 anos atrás, quando se pesquisava a respeito desse método em laboratórios de universidades. É interessante pontuar que, nesse princípio, os equipamentos utilizados possuíam o tamanho de um armário, por exemplo, e hoje temos algo que cabe na palma de nossa mão, facilitando o acesso do *Neurofeedback* aos consultórios.

A respeito da nomenclatura em si, bios significa "vida", *feedback*, "retorno", portanto, em um treino de *biofeedback* temos, em tempo real, "retorno de um aspecto da nossa fisiologia". Por princípio, tudo aquilo que pode ser medido no corpo pode ser treinado pelo *biofeedback*, por meio de reforços como som e imagem.

Um pouco de história

Um cientista alemão, Hans Berger (1873), registrou a primeira atividade elétrica cerebral humana, enquanto o físico, também alemão,

G. Dietsch (1932), se tornou o primeiro pesquisador de QEEG – EEG Quantitativo da história. Já na década de 1960, o Dr. Joe Kamiya e o Dr. Barry Sterman fizeram importantes contribuições ao campo de estudo da neurociência. Ambos estavam tentando descobrir o papel das ondas cerebrais em todos os aspectos do comportamento.

Joe Kamiya (1958) demonstrou pela primeira vez a capacidade de controlar as ondas cerebrais por meio de *feedback*. Ele se concentrou no treinamento das ondas *alpha* e na indução de um estado relaxado e meditativo nós pacientes. Sterman foi pioneiro no uso do *neurofeedback* como terapia e, em 1972, publicou um artigo descrevendo como utilizava o *neurofeedback* para impedir um ser humano de ter crises epilépticas graves, demonstrando, há quase 50 anos, que o cérebro é dinâmico e plástico.

Somado a isso, podemos ver que os avanços tecnológicos, além de diversos outros estudos, contribuíram e contribuem para que o treinamento por *neurofeedback* e suas possibilidades na atuação na clínica se mostrem cada vez mais eficazes no tratamento de condições cerebrais variadas, como o autismo e também o TDAH, a depressão, ansiedade, convulsões e dificuldades de aprendizagem, entre outras.

Atualmente, pode-se encontrar diferentes equipamentos, sistemas e métodos para conduzir e treinar o cérebro. Um deles, utilizado por mim e descrito no próximo tópico, é o QEEG TLC (The Learning Curve):

> Técnica de treinamento cerebral baseada em um protocolo investigativo desenvolvido por Peter M. Van Deusen, após uma compilação de periódicos organizados em uma revisão integrativa sobre possíveis padrões de atividade elétrica cerebral esperada em seres humanos.
> (Ribas et al, 2016)

Como funciona o treinamento por *neurofeedback*

O *neurofeedback* funciona como um espelho para o cérebro, mostrando a ele, em tempo real, "como" se manter no padrão desejado, por meio de *feedback*s visuais ou auditivos.

Treinar o cérebro é mudar hábitos comportamentais e combater sintomas indesejados, portanto deve ser um processo individualizado, personalizado e com objetivos específicos.

Tudo começa com uma anamnese estruturada para investigar e mensurar dados pessoais e comportamentais, informações sobre sistema nervoso autônomo, humor e cognição, entre outros aspectos. Depois disso, realizamos o Mapeamento Cerebral (QEEG), geralmente em três condições:

olhos fechados, olhos abertos e executando uma tarefa mental. Essas duas informações (anamnese e EEG) são estudadas e então é estabelecido um Protocolo de Treinamento de *Neurofeedback* para a pessoa.

Durante o treinamento, eletrodos são posicionados no escalpo a fim de captarmos a atividade cerebral que, por sua vez, será amplificada e processada em um sistema específico, que fornecerá um *feedback*, em tempo real, para que o indivíduo se autorregule e modifique seu padrão cerebral. Por exemplo, imagine uma criança com TEA, com alta amplitude de frequências lentas no lobo frontal (responsável por funções executivas, como atenção, organização, memória etc.), fazendo um carro se mover na tela toda vez que seu cérebro produz frequências mais altas e, à medida que o cérebro é reforçado nesse parâmetro, aprende como repeti-lo mesmo após o término dos treinos.

A cada sessão ou a cada ciclo de treinos, um rastreio comportamental e sintomático é realizado e, assim, de modo objetivo, é possível acompanhar os processos evolutivos para manutenção ou alterações no protocolo de treino.

Os benefícios do *neurofeedback* no tratamento dos sintomas do TEA

Desde 1994, com a apresentação do primeiro estudo e, certamente, um dos mais importantes, que uniu a metodologia de *neurofeedback* e sua aplicação em pacientes autistas, muito se publicou e discutiu a respeito das relações entre esse treinamento e o transtorno. Esse primeiro estudo, publicado por Cowan e Markham, teve como participante uma menina de oito anos diagnosticada com autismo leve.

Após o mapeamento cerebral com EEG, identificou-se que a menina possuía uma taxa anormal e predominante de ondas *alpha* e *theta* – frequências lentas – em algumas regiões específicas do cérebro. Com base nesses dados, o treinamento cerebral foi protocolado com o objetivo de regular a proporção entre ondas de frequências lentas e altas no cérebro dela. Após 21 sessões, ministradas durante pouco mais de quatro meses de tratamento, a criança apresentou aumento na atenção sustentada, diminuição dos comportamentos característicos do autismo e melhora nos processos sociais, segundo a avaliação de seus pais e professores. Além disso, houve uma melhora de aproximadamente 32% no Teste de Variáveis de Atenção (TOVA), se comparadas as aplicações antes e depois das 21 sessões de tratamento. E o mais impressionante: essa melhora se manteve praticamente inalterada em uma nova aplicação do TOVA feita dois anos após a alta.

Somadas a esse estudo de caso, algumas pesquisas feitas com grupos extensos também se mostram muito importantes e igualmente eficientes nessa análise. Um famoso estudo, colhido ao longo de 15 anos e publicado em 2010 por Thompson e Thompson, mapeou o cérebro de 159 indivíduos dentro do TEA por meio do EEG, identificando, assim como no caso da menina de Cowan e Markham, uma predominância de ondas de frequências lentas na maioria dos cérebros mapeados (embora houvesse alguns indivíduos com ondas de frequências altas predominantes em algumas regiões do cérebro também, como é típico no EEG de pessoas com o transtorno). Esses indivíduos receberam uma média de 40 a 60 sessões durante o tratamento, combinadas com práticas de controle respiratório e de frequência cardíaca. Com o término do estudo, os pesquisadores compilaram os dados de todos os participantes e chegaram a conclusões impressionantes.

Houve um aumento médio de nove pontos no QI medido pela escala Wechsler de inteligência, além de diminuição considerável nos níveis medidos de dificuldade de atenção, ansiedade e uma melhora no funcionamento social.

Essas pesquisas, além de diversas outras que não serão citadas para não deixar o texto repetitivo, surgem para elucidar de forma bastante promissora a relação do *neurofeedback* enquanto ferramenta clínica para TEA. Apesar de terem sido citados estudos de 1996 e de 2009, todo ano publicam-se novos textos que confirmam, cada vez mais, a noção de que o treinamento cerebral pode ser uma alternativa não invasiva e não medicamentosa viável para o tratamento dos sintomas do autismo. Além disso, os estudos estão contemplando também novas variáveis que dizem respeito à durabilidade dos efeitos proporcionados pelo treinamento com *neurofeedback* no cérebro de pacientes com autismo.

Quanto aos desenvolvimentos futuros dessa relação, com os argumentos expostos, esperamos que as pesquisas na área possam avançar de maneira a confirmar os benefícios que vêm sendo observados nesses casos ao longo dos últimos 25 anos, fazendo com que seja definitivo o entendimento de que o *neurofeedback* pode ser uma via de tratamento reconhecida para o TEA, levando maior qualidade de vida àqueles nessa condição.

Referências
BEAR, Mark F. *Neurociências: desvendando o sistema nervoso*. 3.ed. Artmed, 2008, pp.586-594.
COBEN, R.; HIRSHBERG, L. M.; CHABOT, R. *EEG discriminant power and subtypes in autistic spectrum disorder*. International Journal of Psychophysiology. Under Review.
COWAN, J.; MARKHAM, L. *EEG biofeedback for the attention problems of autism: a case study*. Presented at the 25th Annual Meeting of the Association for Applied Psychophysiology and Biofeedback, Atlanta, GA, março, 1994.
ELECTROENCEPHALOGRAPHY. [S. l.], nov.2019. Disponível em: <https://en.wikipedia.org/wiki/Electroencephalography>. Acesso em: 11 de nov. de 2019.
RIBAS, V.; RIBAS, R.; MARTINS, H. *The Learning Curve in neurofeedback of Peter Van Deusen: Dement*. Neuropsychol, vol.10, n.2, São Paulo, abril/junho, 2016.
THOMPSON, L.; THOMPSON, M.; REID, A. *Neurofeedback outcomes in clientes with Asperger's syndrome*. Applied psychophysiology and biofeedback, 2010) 35(1), pp.63-81.

Capítulo 9

Autismo e aprendizagem: possibilidades de intervenção

Vivian Marqui

Neste capítulo, serão abordadas as implicações das principais características do Transtorno do Espectro Autista no processo de aprendizagem, além de apresentar algumas estratégias de ensino que podem facilitar o desenvolvimento da criança com TEA.

Vivian Marqui

Pedagoga, psicopedagoga, neuropsicopedagoga clínica e especialista em Educação Especial Inclusiva com aperfeiçoamento em atendimento de Transtorno do Espectro Autista, aperfeiçoamento em Neurodesenvolvimento Infantil e qualificação em Análise do Comportamento Aplicada. Experiência profissional de 22 anos na área de Educação. Atuação na área clínica e no Atendimento Educacional Especializado.

Contatos
www.espaconeuroeducar.com
eespaconeuroeducar@gmail.com
Facebook: @espaconeuroeducar
Instagram: @espaçoneuroeducar

A aprendizagem é um processo complexo que pode ser compreendido por diferentes perspectivas. Diversas teorias de aprendizagem trazem em comum a relação entre as representações e as condições internas do sujeito e as situações externas a ele. Para Pavlov, o mecanismo de base da aprendizagem é o reflexo condicionado, mas para que isso ocorra é necessária a maturação das funções nervosas. Piaget define a inteligência como um conjunto de maturação, experiência física e social, e de um princípio dinâmico dominante: a equilibração, onde a aprendizagem se dá por meio da interação do sujeito com o meio em que ele vive.

Portanto, a aprendizagem pode ser definida como um processo permanente de aquisição, conservação e evocação do conhecimento, que ocorre a partir de modificações do sistema nervoso central (SNC), quando o indivíduo é submetido a estímulos ou experiências que se traduzem por modificações cerebrais.

A aprendizagem se inicia ainda na vida intrauterina, quando podemos observar os primeiros sinais de resposta ao mundo externo. Essas experiências trazem as sensações primárias, que logo se tornam percepções. A partir do nascimento, o indivíduo passa a apresentar comportamentos que são chamados de condutas reflexas, involuntárias, que surgem em função de estimulação ambiental. Aos poucos esses reflexos vão desaparecendo, dando lugar aos comportamentos adquiridos.

O processo de aprendizagem ocorre quando o indivíduo, ao exercitar seu próprio reflexo, o generaliza, aplicando-o à situação diversa. Um importante mecanismo para a aprendizagem é a imitação. A imitação é um mecanismo inato, comandado pelos neurônios-espelhos. Desde bebê, o ser humano possui a capacidade de imitação. Os neurônios-espelhos foram descobertos por um grupo de pesquisadores liderados por Rizzolatti na década de 1990. Pesquisas apontam que o neurônio-espelho é responsável por comportamentos humanos tais como imitação e teoria da mente.

Nos indivíduos do Transtorno do Espectro do Autismo (TEA), a ativação desses neurônios pode estar prejudicada, dificultando a aprendizagem pela via da imitação, apresentando dificuldades para reconhecer gestos, expressões faciais e sentimentos. Além das disfunções cognitivas que podem interferir no ensino de novas habilidades e comportamentos. Isso faz com que o indivíduo com autismo não aprenda da mesma maneira do que os outros.

A aprendizagem de cada indivíduo é única, cada pessoa se diferencia em suas habilidades, necessidades e interesses de aprendizagem. No entanto, é preciso reconhecer que as limitações não excluem o indivíduo com TEA da possibilidade de aprender, mas sim apresentam um modo particular de aprendizagem.

O Transtorno do Espectro Autista apresenta uma grande variabilidade de manifestações, isso significa que crianças com o mesmo diagnóstico podem apresentar diferentes características, com diferentes níveis de intensidade, dessa forma características que estão presentes em um indivíduo podem não estar presentes em outro, embora o diagnóstico seja o mesmo.

Considerando essas alterações e peculiaridades de cada pessoa do TEA, ao planejar as adequações e intervenções pedagógicas, devemos considerar todas essas características que dificultam seu processo de aprendizagem, orquestrando-o para que o ensino-aprendizagem seja o mais efetivo possível; abaixo, alguns componentes essenciais:

- Conhecer as variáveis que afetam a aprendizagem;
- Conhecer o organismo que está aprendendo;
- Construir uma intervenção efetiva.

Para isso é preciso fazer uma avaliação inicial das habilidades da criança a fim de se estabelecer um ponto de partida. Precisamos saber se o indivíduo com TEA possui os pré-requisitos para aprender as habilidades acadêmicas. Dessa forma se faz necessário observar alguns aspectos e estabelecer alvos a serem atingidos; seguem abaixo alguns aspectos que precisam ser avaliados antes de se planejar a intervenção:

1. Avaliação: identificar as habilidades que o aluno possui e aquelas que ainda não alcançou.
2. Avaliação das preferências: quais são os itens reforçadores dessa criança (personagens ficcionais e animais preferidos, atividades que gosta de fazer)?
3. Quais itens são aversivos, do que ela não gosta?
4. A criança entra na sala ou há recusa?
5. Por quanto tempo essa criança consegue ficar dentro de uma sala de aula?
6. Fica sentada por quanto tempo?

7. Tem histórico de comportamentos disruptivos?
8. Faz contato visual? O olhar é de onde provém a maior carga de informação social, é responsável pela ativação dos neurônios-espelhos, mencionados anteriormente.
9. Tem atenção compartilhada? Algumas pessoas do TEA podem apresentar dificuldade para compartilhar o mesmo objeto/situação com os outros.
10. Imitação: como já vimos anteriormente, é por meio da imitação que o indivíduo aprende novas habilidades. É importante observar o quanto essa habilidade está prejudicada, pois pode interferir diretamente na aquisição de novos repertórios.
11. Coordenação motora: é preciso avaliar se esse repertório é preciso em relação à coordenação dos movimentos (oculares e manuais). Observar se a tonicidade muscular está adequada, tais como: preensão do lápis, pressão, níveis apropriados de retesamento/relaxamento muscular, ritmo e velocidade adequados, orientação correta da esquerda para a direita, de cima para baixo.
12. Linguagem: um dos aspectos afetados na criança com autismo é a linguagem. A dificuldade de comunicação está em variados níveis de intensidade, tanto na comunicação verbal como na comunicação não verbal. Recomende avaliação fonoaudiológica.
13. Percepções sensoriais: muitas vezes, crianças com autismo apresentam dificuldade em integrar informações sensoriais. É importante observar como são as respostas sensoriais da criança com TEA. Conhecer as respostas sensoriais da criança com TEA pode ser muito útil na escolha dos materiais e na organização do ensino. Para tanto, é de extrema importância a avaliação do terapeuta ocupacional, profissional especialista apto para tal avaliação.

Ao se planejar a intervenção da criança com TEA é necessário identificar os objetivos de curto e longo prazo, é preciso refletir sobre o que se quer ensinar, como, onde e quando ensinar. A aquisição de habilidades sociais e da vida prática são tão importantes quanto as habilidades acadêmicas.

Crianças com autismo exigem adaptações no ambiente da aprendizagem, bem como adaptações no currículo acadêmico, considerando tanto as habilidades desse contexto como da vida prática geral.

Algumas estratégias demonstram ser eficientes no processo de aprendizagem da criança com autismo, tais como:

1. Instruções claras e diretas: prefira utilizar os comandos diretos e apoie a fala com suportes visuais. Evite orientações longas e complexas, pois essas dificultam a compreensão.

2. Pistas visuais: a principal via de aprendizagem da criança com TEA é a visual. Os recursos visuais contribuem bastante com a organização do indivíduo com autismo e ajudam a compreender o que se espera dela.

3. Quadro de rotina: o conceito de tempo é algo muito abstrato para as crianças, o uso do quadro de rotina contribui bastante para essa função. O objetivo da rotina visual é facilitar a compreensão, ajudando a se organizar e preparar-se para a tarefa seguinte, além de ter o controle do tempo. Dependendo do nível de habilidade do aluno, descrições por escrito podem substituir as fotos.

4. Divida as tarefas em etapas e utilize um *timer* ou a ampulheta para ajudá-la a visualizar a passagem do tempo e determinar quanto tempo deverá permanecer em cada atividade.

5. Reforçadores: estão entre as melhores maneiras de se conseguir o engajamento da criança autista.

6. Interesses e aversivos: é importante identificar quais são as preferências da criança autista e o que pode ser aversivo (incômodo) para ela. Os objetos de interesse podem motivar a criança e ajudá-la a se manter engajada em determinada atividade. Em contrapartida, se a criança apresenta aversão por determinado material, ela pode deixar de fazer a tarefa, não por falta de capacidade, mas por não conseguir utilizar o material escolhido.

Essas são algumas sugestões, avalie se são aplicáveis ao seu aluno. Considere que as intervenções devem ser adequadas às especificidades de cada um, tendo em vista atividades individualizadas, que garantam a previsibilidade e a motivação nas propostas apresentadas.

Uma intervenção adequada e completa deve ser realizada em diferentes âmbitos, não ficando restrita à escola. É importante que seja feita também em casa, com a família. A colaboração e a comunicação entre pais, professores e profissionais envolvidos com o indivíduo contribuem para o sucesso da intervenção.

Referências
CUNHA, E. *Autismo na escola: um jeito diferente de aprender, um jeito diferente de ensinar: ideias e práticas pedagógicas*. Editora WAK, Rio de Janeiro, 2016.
KHOURY, L.P. et al. *Manejo comportamental de crianças com Transtorno do Espectro do Autismo em condição de inclusão escolar*. Editora Memnon, São Paulo, 2014.
ROTTA, N. T. et al. *Transtornos da aprendizagem: abordagem neurobiológica e multidisciplinar*. 2.ed. Porto Alegre: Artmed, 2016.

Capítulo 10

Habilidades sociais em crianças e adolescentes com TEA: um enfoque nos contextos escolar, domiciliar e clínico

Elvira Melo

Há repertórios comportamentais que devemos aprender ao longo da vida para evitar algumas situações que causem danos graves as nossas saúdes psíquica e física. Assim, é preciso desenvolver habilidades sociais que nos permitam interagir de maneira assertiva e nos capacitem a ter estratégias para o enfrentamento e a resolução de problemas diários. Neste capítulo, você entenderá como desenvolver habilidades sociais é essencial a toda e qualquer pessoa.

Elvira Melo

Psicóloga pela Universidade Presbiteriana Mackenzie (UPM). Pós-graduanda em Intervenção ABA para autismo e deficiência intelectual no Child Behavior Institute of Miami. Experiência profissional como psicóloga clínica, aplicadora ABA e acompanhante terapêutica em ambientes escolares e domiciliares de crianças com TEA, entre outras deficiências, e monitora do curso de capacitação em ABA, teoria e prática.

Contatos
psicologa.elviramelo@gmail.com
Instagram: @elviramelo.s
(11) 94897-1799

Elvira Melo

Habilidades Sociais

As habilidades sociais são um conjunto de repertórios comportamentais que favorecem a relação com o outro e também traz benefícios para a própria pessoa, como assim descrevem Del Prette e Del Prette (2013), as classes de habilidades sociais mais importantes e relevantes para o desenvolvimento na infância são: autocontrole e expressividade emocional, civilidade, empatia, assertividade, fazer amizades, soluções de problemas interpessoais, habilidades sociais acadêmicas e, dentro dessas classes citadas, há inúmeras subclasses não menos importantes, que podem ser complementares para o desenvolvimento de alguma habilidade específica.

Essas habilidades bem trabalhadas e desenvolvidas na infância permeiam uma melhor relação também na vida adulta nas interações dessas pessoas com familiares, colegas de trabalhos, chefes, ou seja, em qualquer relação eu e o outro, isto é, quanto mais elaborado este repertório de habilidades sociais mais a criança ou adolescente conseguirá se sobressair de uma forma mais positiva em situações adversas e, sendo habilidoso socialmente, também evitará possíveis problemas de comportamento e terá mais acesso aos reforçamentos sociais tanto positivos, como elogio e atenção, como negativos, eliminando e evitando situações adversas e conflitantes no ambiente, com pares ou adultos (Falcão, Bolsoni-Silva, 2016).

Quando o repertório está empobrecido de habilidades sociais, há grandes possibilidades de desenvolvimento de problemas comportamentais internalizantes e/ou externalizantes, sendo os internalizantes relacionados a eventos internos como depressão, timidez, isolamento social, baixa autoestima e insegurança, entre outros, e externalizantes de ordem mais expressiva, associados à agressividade física ou verbal, roubar, mentir, impulsividade, agitação, envolver-se em brigas e assim por diante, esses problemas podem acarretar dificuldades nas relações e interações da criança com o ambiente, impedindo de acessar e obter novas contingências de reforçamento, diminuindo as chances de expandir o repertório comportamental (Bolsoni-Silva, Paiva & Barbosa, 2009).

Del Prette e Del Prette (2013) citam os tipos de déficits nas habilidades sociais, que são eles: déficit de aquisição, que é a não ocorrência da habilidade social quando se faz necessária; déficit de desempenho, quando ocorre a habilidade social, mas com pouca frequência do esperado; déficit de fluência, que é a ocorrência da habilidade social com proficiência ou qualidade inferior à esperada. Ainda segundo os mesmos autores, os fatores que levam a produzir esses déficits são:

- **Falta de conhecimento:** restrição de oportunidades e modelos, isto é, quando a criança ou o adolescente tem poucos modelos apropriados de habilidades sociais em casa ou não tem muito contato com outras pessoas ou ambientes que possibilitariam esse aprendizado;
- **Falhas de reforçamento:** como o próprio nome diz, seria a falta de reforçamento ou a punição quando acontece a emissão dos comportamentos apropriados;
- **Ausência de *feedback*:** quando não há um retorno, sendo ele com caráter positivo ou corretivo importante para o aperfeiçoamento da prática de um desempenho de habilidade socialmente competente;
- **Excesso de ansiedade interpessoal:** que pode vir diante das exigências da própria criança/adolescente e dos pais, ou até mesmo devido a ter passado por uma experiência aversiva similar;
- **Dificuldade de discriminação e processamento:** dificuldade em saber interpretar no ambiente o momento, a hora certa e a forma apropriada que deve ocorrer aquela habilidade social;
- **Problemas de comportamento:** quando ocorre o reforçamento dos comportamentos inapropriados e a ausência de reforçamento dos comportamentos adequados.

Para elaborar intervenções eficazes em qualquer ambiente, é importante que se tenha um olhar individualizado para cada cliente, levando em consideração que a aprendizagem das habilidades sociais se dá por vários meios e, entre eles, se destacam a modelação ou observação, instrução e consequenciação.

Habilidades Sociais e o Transtorno do Espectro Autista

Como já vimos no decorrer deste livro, uma das áreas afetadas pelo autismo é a social. Muitas das pessoas com TEA tendem a se isolar, por terem dificuldades para responder aos estímulos sociais. Com a finalidade de destrinchar melhor quais são essas defasagens, segue no quadro a seguir uma lista com algumas dificuldades sociais dos indivíduos com TEA (CARVALHO, LUCCHESI, DEL PRETTE, VERDU, 2014):

Quadro 1 – Dificuldades sociais dos indivíduos com TEA

Iniciar e responder às interações sociais; uso inadequado de contato visual; dificuldade de interpretação de comportamento verbal como, por exemplo, gestos e expressões faciais; respostas emocionais inadequadas; indiferença afetiva; falta de empatia; no caso daqueles que vocalizam, podem dominar conversas baseadas apenas em assuntos de seu interesse e fazer comentários inadequados; compreensão e participação de brincadeiras; fazer amizades; falha em reconhecer o espaço pessoal; compartilhar experiências afetivas; apresentar atenção compartilhada, comportamento simbólico e imitação.

Com base no quadro acima, vamos destacar uma dessas dificuldades para exemplificar intervenções que podem ser melhor trabalhadas como, por exemplo, o contato visual.

Ao planejar uma intervenção para aprimoramento do contato visual, opte por ensinar em ambiente natural (veja o capítulo sobre esse tema). Comece assim:

1. Medindo o tempo, podendo ser por meio de um cronômetro ou por contagem verbal encoberta (1001, 1002...), em que a criança estabelece o contato;
2. Em quais situações que emite esse comportamento;
3. Que tipo de consequência obtém;
4. O que demonstra ser reforçador para ela ter esse contato.

É importante e requerido que todas as pessoas que estão diretamente ligadas ao desenvolvimento dessa criança saibam manejar esse comportamento e imediatamente fornecer o reforço social e, se for preciso, o arbitrário quando esse comportamento ocorrer. Como exemplo disso, no ambiente escolar a criança tem contato direto com os profissionais que trabalham na escola, entre eles a professora que está cotidianamente com essa criança e também com seus pares; dessa forma, é um ambiente que facilita maior frequência para a reprodução do comportamento adequado, que é o de manter o contato visual quando essa criança interage com o outro ou inicialmente com o objeto.

As pessoas com TEA têm mais dificuldades em aprender por meio da modelação social ou por ensino incidental, portanto, de acordo com as características individuais e sintomas que o cliente com TEA apresenta, é possível montar intervenções com diversas tecnologias e ferramentas, como por exemplo THS (Treinamento de Habilidades Sociais); tarefas sociais para casa; apresentação didática do tema do dia; ensaio comportamental da habilidade aprendida; brincadeiras que envolvam as habilidades em treino; videomodelagem; modelagem; produção de histórias sociais; utilização de *software*, ambientes virtuais de aprendizagem; jogos interativos *online*; cenários sociais para identificação de comunicação verbal e não verbal em determinadas situações; instrução por tentativas discretas (DTI); ensino das emoções trabalhadas com espelho, figuras e vídeos, entre outras. (Carvalho, Lucchesi, Del Prette, Verdu, 2014).

É de grande valia que as habilidades ou comportamentos aprendidos no ambiente clínico com o terapeuta ou aplicador ABA, por meio de programas que irão de forma sucessiva desenvolver alguma habilidade social, sejam também executados em outros contextos, como escola e casa, para que esses comportamentos sejam generalizados em outros ambientes e também com outras pessoas além do terapeuta clínico.

Fazendo-se indispensável, inicialmente traçar a linha de base nesses locais, para poder coletar informações. Dados estes que irão exprimir como esse indivíduo se comporta com seus pares e também como lida em situações que requerem dele competência social e um bom desempenho social e, então, finalmente traçar as intervenções.

No que tange ao psicólogo ou ao acompanhante terapêutico, que atende a criança ou o adolescente no ambiente escolar, é de suma importância que realize as intervenções de forma sutil e clara, com a finalidade de amenizar os problemas de comportamento existentes no cliente. Quando digo sutil, me refiro não ao fato de não ser notado pelos outros indivíduos que estão presentes no recinto, até porque isso seria impossível, mas saber trabalhar de uma forma que não cause dependência da criança/adolescente ao terapeuta naquele local. Sendo assim, é imprescindível que esse acompanhante tenha autoconhecimento e saiba agir de uma maneira "natural". Como, por exemplo, em uma situação em que o cliente está em roda com seus pares, esse é um momento propício para ocorrer o uso de habilidades sociais, então é essencial se posicionar próximo a eles e ir observando e intervindo, caso necessário. É claro que digo ficar próximo, se for o caso de o acompanhante não estar participando da brincadeira ou jogo e assim o ajudar por meio de dicas hierarquizadas, começando com muita ajuda, e retirar gradativamente para evitar os erros e a frustração e, com certeza, fazendo uso dos reforçamentos para cada resposta emitida adequadamente.

No ambiente familiar, haverá os familiares/cuidadores que convivem com essa criança ou adolescente, logo, é de extrema importância analisar as contingências que permeiam a relação entre eles. Para que a intervenção tenha eficácia e eficiência nesse âmbito, além do vínculo com o cliente também se faz importantíssimo que se crie um vínculo e construa uma parceria com os familiares, para que o terapeuta possa ensinar e, por sua vez, modelar o comportamento desses adultos para que eles possam responder e dar as consequências mais apropriadas diante das respostas das crianças/ adolescentes. Um bom modelo para se usar na intervenção com os pais é o modelo colaborativo, como citam Bolsoni-Silva e Fogaça (2018), pois implica em um relacionamento encorajador e recíproco com uma comunicação aberta, compreendendo as perspectivas dos pais, esclarecendo assuntos quando necessário.

Em virtude do que foi mencionado, pode-se notar que as habilidades sociais são muito importantes para viver diante dos desafios complexos que há no dia a dia, e para realizar excelentes intervenções é preciso ter um olhar individualizado e sensível ao cliente e uma parceria com a escola/família, para assim alcançar bons resultados a um melhor desenvolvimento desse cliente.

Referências
BOLSONI-SILVA, Alessandra T.; FOGAÇA, Fabiane F. Silveira. *Promove – pais, treinamento de habilidades sociais educativas: guia teórico e prático.* Hogrefe, 2018.
BOLSONI-SILVA, Alessandra Turini; PAIVA, Mariana Marzoque de; BARBOSA, Caroline Garpelli. *Problemas de comportamento de crianças/adolescentes e dificuldades de pais/ cuidadores: um estudo de caracterização.* Psicologia Clínica, Rio de Janeiro, v.21, n.1, pp.169-184, 2009.
DEL PRETTE, Zilda; A. P., DEL PRETTE, Almir. *Psicologia das habilidades sociais na infância: teoria e prática.* 6ª edição, Editora Vozes: Petrópolis, 2013.
DUARTE, Cintia Perez; SILVA, Luciana Coltri; VELLOSO, Renata de Lima. *Estratégias da Análise do Comportamento Aplicada para Pessoas com Transtorno do Espectro do Autismo.* Memnon Edições Científicas: São Paulo, 2018.
FALCÃO, Alessandra Pereira; BOLSONI-SILVA, Alessandra T. *Promove – Crianças: treinamento de habilidades sociais.* Hogrefe, 2016.

Capítulo 11

Problemas comportamentais: da avaliação à intervenção

Milena Ramos & Stephanie Vogel

Para uma intervenção funcional nos problemas de comportamento, é necessário fazer a avaliação funcional, identificando as funções que exercem no ambiente, para então propor uma intervenção efetiva que resulte em melhor qualidade de vida para a pessoa e aqueles com os quais convive.

Milena Ramos

Psicóloga graduada pela Universidade Anhembi Morumbi (UAM). Pós-Graduanda em ABA: Análise do Comportamento Aplicada ao Autismo, atrasos de desenvolvimento intelectual e de linguagem pela UFSCar. Experiência profissional como psicóloga clínica, aplicadora ABA e acompanhante terapêutica de crianças com Transtorno do Espectro Autista. Curso de aprimoramento em Ansiedade e Depressão pelo Instituto de Psiquiatria do Hospital das Clínicas da Faculdade de Medicina da Universidade de São Paulo pelo Programa Ansiedade (AMBAN) e Programa Transtorno Afetivo Bipolar (GRUDA).

Stephanie Vogel

Psicóloga graduada pela Universidade Presbiteriana Mackenzie (UPM). Pós-graduanda em Clínica Analítico-Comportamental pelo Centro Paradigma, pós-graduanda em Intervenção ABA para Autismo e Deficiência Intelectual – CBI Miami. Psicóloga clínica, aplicadora ABA e acompanhante terapêutica de crianças com Transtorno do Espectro Autista e deficiências. Atualmente coordena a equipe de terapeutas e leciona no curso de capacitação ABA do Núcleo Direcional.

Contatos

Milena
contato@nucleodirecional.com.br
Instagram: @milena.nucleodirecional

Stephanie
contato@nucleodirecional.com.br

Problemas de comportamento, comportamento-problema, comportamentos disruptíveis e comportamentos inadequados são algumas das nomeações que recebem aqueles comportamentos que o indivíduo emite que impedem o aprendizado de outras habilidades, comprometem a integridade física dos outros e dele mesmo, interferem na socialização.

Uma das dificuldades que influenciam no aprendizado de comportamentos problemas é o déficit na comunicação funcional de eventos públicos e privados, além das interações sociais e os padrões restritos e repetitivos presentes nos indivíduos com Transtorno do Espectro do Autismo (TEA).

Mas por que esses comportamentos ocorrem?

A contingência de um comportamento operante é composta de três aspectos, o antecedente, a resposta e a consequência. Para compreender o comportamento-problema, precisa-se entender a relação funcional entre o evento e o repertório de comportamentos que a criança apresenta mediante o estímulo no ambiente, para isso, é necessária a avaliação funcional do problema de comportamento.

A avaliação funcional está voltada para as funções das respostas e para as mudanças que são produzidas e afetam a probabilidade de que o comportamento seja reproduzido futuramente, dessa forma, passa a identificar as relações da tríplice contingência, que se tornam responsáveis pelo ganho e manutenção de repertórios comportamentais, portanto, compreende-se que a avaliação funcional está relacionada a uma noção selecionista e não de causalidade, em que, em vez de identificar o que iniciou o comportamento, ou quem foi o culpado, a análise está focada no reconhecimento de uma complexa e variada rede de determinações de comportamentos, representada pela ação em diferentes níveis: filogênese, ontogênese e cultura das consequências do comportamento.

Mediante a variabilidade e complexidade descritas, existem quatro funções possíveis diante da emissão dos comportamentos: obter atenção, obter objetos tangíveis, fugir ou se esquivar de alguma situação e reforçamento automático. Antes de preparar qualquer intervenção, é essencial que a função do comportamento esteja clara para os profissionais e familiares, pois somente a partir de uma relação funcional correta é que a intervenção será eficiente.

Portanto, compreende-se que um comportamento continua ocorrendo apenas quando está em uma contingência de reforçamento, ou seja, se de alguma maneira o indivíduo, ao emitir problemas de comportamento, está obtendo a função desejada, seja a atenção da família, a fuga da tarefa, o alívio de uma dor ou a adição de alguma situação prazerosa a ele, entre outras.

Entender que a emissão desses comportamentos não ocorre por maldade do indivíduo e intenção de prejudicar o ambiente ou as pessoas ao redor é essencial para um manejo adequado a cada caso. Apesar da topografia e das consequências desses comportamentos serem diferentes e parecer não ter sentido ou justificativa, devemos lembrar que esses comportamentos seguem as mesmas regras de quaisquer outros comportamentos e devem ser entendidos dentro de uma análise funcional das contingências.

Sendo assim, para essa avaliação é necessário colher dados em entrevistas com os pais, os quais são direcionados a responder sobre os antecedentes e as consequências dos comportamentos, dessa forma, podem conseguir descrever de modo mais claro e acurado, sem utilizar palavras gerais que não elucidam a topografia do comportamento, como "birra", "mau humor", "irritado". Outro formato é a observação clínica, em que um profissional habilitado registra em tempo real todas as variáveis do comportamento em ambiente natural por meio da tabela ABC (antecedente, comportamento e consequência). E, por último, a análise funcional experimental, na qual o profissional irá manipular os antecedentes e as consequências sistematicamente, passando pelas quatro diferentes funções, e avaliará qual a função do comportamento-alvo em vigor.

A intervenção após a coleta dos dados

A intervenção é importante, considerando que esses comportamentos em termos de condutas sociais ocorrem em ambientes familiares, educativos ou sociais e são prejudiciais para a vida diária do indivíduo, originando-se como produto da história de vida de reforço e punição.

Para que ocorra a diminuição dos problemas de comportamento, faz-se necessário o ensino de novas habilidades adaptativas, que irão proporcionar a mesma função que os comportamentos disfuncionais. Apenas retirar o reforço dos comportamentos-problema não é uma intervenção adequada, pois não ensina novos comportamentos e, considerando os indivíduos com autismo e seus déficits, não podemos esperar que irão aprender esses comportamentos adequados apenas no convívio social ou pela retirada do reforço.

Algumas maneiras estudadas e validadas como forma de intervenção pela função são:

- **Reforço diferencial de comportamentos incompatíveis (DRI):** implica de maneira positiva nas respostas que diminuem a frequência de comportamentos, ensinando um novo comportamento que seja topograficamente incompatível com o comportamento inadequado, normalmente é aplicado quando é identificada a função de reforçamento automático, por exemplo: no caso de uma criança que pressiona a mão no queixo esfregando de um lado para o outro, ser proposto segurar uma bola.

- **Reforço diferencial de comportamentos alternativos (DRA):** consiste em reforçar depois de uma ou mais ocorrências de um comportamento, não necessariamente topograficamente incompatível com o comportamento inadequado, tornando-se eficaz na diminuição dos comportamentos problemas, com ou sem o processo de extinção, comportamentos estes que podem ser ensinados; comumente aplicado quando a função é para obter item tangível e para fuga e esquiva.

- **Reforço diferencial de outros comportamentos (DRO):** consiste na apresentação do reforço após um intervalo de tempo, em que o comportamento inadequado não ocorre, assim, reforça-se a ocorrência de qualquer outro comportamento adequado; normalmente aplicado quando identificamos a função fuga e esquiva.

- **Extinção:** é o procedimento utilizado para enfraquecer a resposta a longo prazo, fazendo com que a relação entre a resposta e a consequência seja quebrada, porém não deve ser um procedimento utilizado de forma isolada, ainda que seja eficaz para eliminar comportamento. Esse procedimento tem como consequências efeitos colaterais como respostas de fuga e esquiva, tornando estímulos aversivos, respostas emocionais indesejadas e contra controle. Para que seja possível aplicar a extinção, é necessário considerar o contexto em que será aplicada e todos os envolvidos devem ser preparados para conduzir a intervenção.

- **Reforçamento não contingente:** é a estratégia na qual o reforço é apresentado para o indivíduo em um intervalo de tempo definido previamente e não depende da resposta do indivíduo, ou seja, não tem relação entre resposta e reforço. O estímulo reforçador utilizado pode ser o mesmo ou não do que mantém os comportamentos problemas, mas é importante que ele apareça em quantidade maior do que a quantidade disponível ao comportamento-problema. Com isso, após um tempo de intervenção, a resposta-alvo não valerá a pena ser emitida, pois o reforço está disponível sem precisar se engajar em comportamentos-problema. Esse procedimento possibilita um ambiente mais reforçador e evita os efeitos colaterais da extinção ou punição.

Como ensinar novos comportamentos

As maneiras pelas quais novos comportamentos operantes são instaurados no repertório dos indivíduos se dão por três processos:

1. **Modelagem:** na modelagem ocorre o reforço diferencial, em que se define um comportamento-alvo como objetivo final e são reforçadas as tentativas sucessivas até atingi-lo, tornando-se possível o desenvolvimento de novas habilidades.

2. **Modelação:** é o procedimento no qual novas habilidades são aprendidas por imitação dos pares ou adultos em sua vida.

3. **Regras:** uma regra é a descrição verbal ou visual de uma contingência de um falante para um ouvinte, por exemplo, quando você vê uma placa de "PARE" na rua, imediatamente irá parar diante dessa regra, ou quando alguém disser "não coloque o dedo na tomada", você também irá seguir. Diversos comportamentos instaurados no nosso repertório aprendemos por regras.

Diante dos diversos problemas de comportamento apresentados pelos indivíduos com TEA, reiteramos a importância do uso dessas propostas de avaliação e intervenção, para que novas habilidades possam ser aprendidas, proporcionando uma melhor qualidade de vida para todos os envolvidos e, principalmente, para o próprio indivíduo.

Referências
CATANIA, A. C. *Aprendizagem: comportamento, linguagem e cognição*. Tradução de Deisy das Gracas de Souza et al. 4. ed. Artes Médicas Sul Porto Alegre, 1999.
DUARTE, C. P.; SILVA, L. C.; VELLOSO, R. L. *Estratégias da Análise do Comportamento Aplicada para pessoas com Transtorno do Espectro do Autismo*. Memnon Edições Científicas, São Paulo, 2018.
GOUVEIA, J. S. M. *Análise funcional do comportamento de agressão física em uma criança com o diagnóstico de autismo*. Dissertação (Mestrado em Processos Clínicos), Pontifícia Universidade Católica de Goiás, Goiânia, p. 81, 2010.
HANLEY, G. P.; IWATA, B. A.; MCCORD, B. E. *Functional Analysis of Problem Behavior: a Review*. Journal of Applied Behavior Analysis, 36, pp.147-185, n. 3, 2003.
MARTIN, G. PEAR, J. *Modificação do comportamento: o que é e como fazer*. Rio de Janeiro: Ed.10, Roca, 2018.
NENO, S. Análise Funcional: definição e aplicação na terapia analítico-comportamental. *Revista Brasileira de Terapia Comportamental e Cognitiva*, 2003, Vol V, n.2, pp.151-165.

Capítulo 12

Como melhorar a insônia no Transtorno do Espectro Autista

Rafael Vinhal da Costa

É comum crianças e adolescentes com autismo apresentarem insônia comórbida. O tratamento medicamentoso demonstra ser pouco efetivo. O padrão ouro de tratamento do transtorno de insônia são as técnicas de terapia cognitivo-comportamental para insônia, elas aumentam a eficiência do sono e reduzem a latência para o início do sono.

Rafael Vinhal da Costa

Médico psiquiatra, psiquiatra da infância e da adolescência e médico do sono. Residência médica em psiquiatria pelo Hospital de Base da Secretaria de Estado de Saúde do Distrito Federal – SES/DF, com título de psiquiatra pela Associação Médica Brasileira (AMB). Residência médica em psiquiatria da infância e da adolescência pelo Centro de Orientação Médico-Psicopedagógica e Hospital São Vicente de Paulo da SES/DF. Título de médico do sono pela AMB, com capacitação em medicina do sono e em medicina do sono da infância e da adolescência pelo Instituto do Sono da Associação Fundo de Incentivo à Pesquisa – AFIP. Atualmente é professor docente do Curso de Medicina da ESCS/Fepecs, e médico assistente, coordenador e referência técnica assistencial em medicina do sono e psiquiatria da infância e da adolescência do Hospital da Criança de Brasília – HCB/SES/DF. Também é médico polissonografista e exerce a medicina complementar em clínica privada.

O transtorno de insônia (TI) se caracteriza pela dificuldade em iniciar ou em consolidar o sono. A capacidade de dormir durante toda a noite se desenvolve entre o 3º e o 6º mês de vida. Nesse sentido, não se deve fazer o diagnóstico de TI antes dos seis meses de idade.

A insônia é uma queixa muito comum em consultas de crianças e adolescentes. Ela atinge entre 10% e 30% das crianças pré-escolares. Entre as crianças com menos de dez anos, 1/3 delas acorda pelo menos uma vez por noite e necessita de atenção. O TI é, portanto, um problema de saúde pública.

O Transtorno do Espectro Autista (TEA), por sua vez, é um transtorno comum do neurodesenvolvimento, podendo afetar uma em cada 68 crianças. O TI é muito comum em crianças com TEA. Aproximadamente 2/3 das crianças com TEA têm TI comórbido. Crianças com TEA apresentam maior resistência para dormir, latência aumentada para o início do sono, maior tempo acordado após o início do sono, menor eficiência do sono, menor tempo total de sono.

Colocar uma criança ou um adolescente com TEA para dormir mais cedo pode se tornar mais difícil. A privação do sono pode agravar os sintomas comportamentais relacionados ao TEA e tem um impacto negativo tanto para o indivíduo quanto para toda a sua família.

As consequências do TI e da privação de sono estão listadas na tabela abaixo:

Tabela 1 - Consequências do TI e da privação de sono

HUMOR	Irritabilidade, ansiedade, sintomas depressivos, choro fácil, ideação suicida.
COGNIÇÃO	Sonolência diurna, prejuízos de atenção, concentração, memória, raciocínio, capacidade de argumentação, aprendizado e desempenho escolar.
COMPORTAMENTO	Agitação, hiperatividade, impulsividade, agressividade, comportamento opositor e desafiador.

MOTIVAÇÃO	Redução da disposição física, da motivação, do ânimo.
INTERAÇÃO SOCIAL	Prejuízo do funcionamento social.
EQUILÍBRIO FAMILIAR	Efeito negativo sobre os pais, estresse familiar, conflito conjugal, depressão materna e disfunção familiar.

O TI não possui causa específica. Ele é de ordem multifatorial e está relacionado a fatores ambientais, sociais, familiares, culturais, psicológicos, biológicos, químicos, constitucionais, genéticos e hereditários. Trata-se de um transtorno essencialmente comportamental, que pode ser compreendido por dois subtipos: o TI por associação e o TI por falta de limites.

O TI por associação tem maior incidência entre os seis meses de vida e os três anos de idade. Nesse subtipo, o problema está em iniciar o sono e adormecer. Há despertares noturnos longos e frequentes, associados a choro, protesto, tentativas de sair do berço ou da cama.

A criança associa o início do sono a um elemento de associação externo ou objeto de associação. Associações positivas ocorrem quando a criança consegue prover para si o elemento de associação, como uma chupeta, um bicho de pelúcia, um brinquedo ou um cobertor. Nas associações negativas, a criança necessita de um provedor externo (como, por exemplo, colo, embalo, peito, mamadeira) ou de estímulos externos (como, por exemplo, televisão, carrinho de bebê, cadeirinha de carro) ou ainda de situações externas (por exemplo, dormir com os cuidadores, presença de um cuidador ninando, conversando, retirando da cama, levando para passear de carro).

O TI por falta de limites tem maior incidência a partir dos 18 meses de idade. Trata-se de uma resistência ou recusa em ir para a cama ou de permanecer nela. Geralmente, o horário de dormir não é estabelecido de forma adequada. Os cuidadores não impõem limites ou impõem limites por meio de mensagens pouco consistentes (por exemplo, deixam que a criança determine o horário de dormir; permitem que durma assistindo à televisão ou mexendo no celular; permitem que durma no quarto dos cuidadores; não reconhecem barganhas). É comum haver choro, barganha, pedidos diversos, como água, ir ao banheiro, mais um beijo de boa-noite, assistir à televisão, ler mais uma história.

Para a criança e o adolescente, o tratamento do TI melhora a sensação de bem-estar, o humor, o sono, reduz as birras e o choro fácil. Para a família, o tratamento reduz o estresse, melhora o humor, o bem-estar parental e a satisfação conjugal dos pais. Para o TEA, o tratamento do TI é promissor para melhorar muitos dos sintomas comportamentais emitidos.

O padrão ouro de tratamento do TI é a implementação de medidas de higiene do sono e de técnicas de terapia cognitivo-comportamental para insônia (TCCi). As intervenções comportamentais, por meio da educação parental, podem melhorar o sono em 82% dos casos de TI. Elas são responsáveis por aumentar a eficiência do sono e reduzir a latência para o início dele.

Crianças e adolescentes com TEA podem se beneficiar de histórias sociais ou cronogramas visuais contendo imagens e palavras relacionadas às atividades de rotinas positivas (por exemplo, tomar banho, colocar o pijama, jantar, escovar os dentes, deitar, ler uma história, fazer uma oração, cantar, dar um beijo de boa-noite, dormir, acordar cedo).

As histórias sociais e o cronograma visual auxiliam as crianças e os adolescentes com TEA a lembrar do passo a passo da rotina antes de dormir e a saber que em todas as noites ocorrerão os mesmos eventos, exatamente na mesma ordem. Eles podem ser construídos por meio de desenhos, ilustrações, colagens e fotografias.

Caso a criança seja mais nova, até quatro a cinco anos de idade, e ainda necessite de cochilos diurnos, deve-se manter sempre a rotina e os mesmos horários dos cochilos. Caso a criança seja mais velha, acima de cinco anos de idade, deve-se evitar cochilos diurnos, a fim de não fragmentar o sono e de consolidar o sono noturno.

É válido considerar a criação de um sistema de recompensa para as noites bem dormidas e adormecidas sem auxílio, como, por exemplo, a atribuição de estrelas. Se a criança ou o adolescente somar um determinado número de estrelas, poderá trocá-las por um prêmio.

As medidas de higiene do sono, incluindo as rotinas positivas, estão listadas abaixo, na tabela 2.

Tabela 2 - Medidas de higiene do sono e de rotinas positivas

Promover horários regulares de acordar pela manhã, de atividades diurnas e noturnas, independentemente do que aconteceu na noite anterior, de forma a sincronizar o ciclo sono-vigília.
Promover rotinas positivas ou fazer atividades favoritas ou algo especial dez a trinta minutos antes da hora de dormir (como por exemplo brincar com desenho, lego, cartas).
Estabelecer horário, rotinas positivas e rituais consistentes para o sono sempre na mesma ordem.
Propor atividades de relaxamento, como massagem.

Estimular a prática de exercício físico regular durante o dia.
Colocar a criança na cama sonolenta, mas ainda acordada.
Permitir que a criança se habitue a adormecer sozinha, sem a presença do cuidador.
Evitar fazer a criança dormir em outro local que não seja seu quarto ou sua cama.
Não utilizar a ida para o quarto como um castigo.
Considerar o uso de um elemento de associação positivo ou de um objeto de transição para adormecer.
Realizar reforço positivo, elogios e sistema de recompensa pelas noites bem dormidas e adormecidas sem auxílio.
Não valorizar comportamentos inadequados e barganhas de horários na hora de dormir.

Cada criança e adolescente é um sujeito único, e as práticas que favoreçam o sono devem ser individualizadas. É preciso que os cuidadores conheçam as crianças e os adolescentes, bem como quais elementos ou eventos são tranquilizadores e quais são estimulantes.

Nesse contexto, integram a TCCi o manejo ambiental e a terapia de controle de estímulos, listadas a seguir, na tabela 3.

Tabela 3 - Manejo ambiental e técnicas de terapia de controle de estímulos

Viabilizar que a hora anterior à hora de se deitar para dormir seja calma.
Expor a luz do sol durante todas as manhãs, abrir as cortinas e janela, deixar a luz solar entrar no quarto.
Diferenciar atividades diurnas de noturnas e promover atividades fora de casa todos os dias.
Manter uma temperatura confortável no quarto da criança, em aproximadamente 22º C.
Promover um ambiente no quarto confortável, calmo, silencioso e escuro, que favoreça ao sono.
Evitar dormir com alguma fonte luminosa durante a noite.
Evitar estimulação mental e o uso de equipamentos eletrônicos (por exemplo, televisão, rádio, computador, *tablet*, celular, música, filmes, vídeos, jogos) próximo à hora de dormir, tanto no quarto como em cômodos próximos.

Evitar estimulação física vigorosa após o anoitecer, bem como brincadeiras que requeiram muita energia (por exemplo, correr, pular).
Certificar-se de que atividades difíceis ou cansativas terminem duas a três horas antes da hora de dormir.
Não substituir televisão ou vídeos por interação pessoal antes da hora de dormir.
Não disponibilizar televisão ou videogames no quarto.
Considerar o uso de um aparelho de barulho ou ruído branco, ou outros equipamentos que promovam um som inofensivo, baixo e consistente como, por exemplo, um ventilador.

As técnicas de reeducação alimentar também são muito importantes para favorecer o bom sono e estão dispostas na tabela 4.

Tabela 4 - Técnicas de reeducação alimentar

Promover horários regulares para as refeições (café da manhã, lanches, almoço, jantar), tanto nos dias de semana quanto em finais de semana.
Evitar substâncias que contenham cafeína (refrigerantes, café, chá ou chocolate) várias horas antes de deitar-se ou após o meio-dia.
Não iniciar a rotina antes de dormir com a criança e o adolescente com fome.
Alimentos ricos em carboidratos e triptofano, com moderação, podem favorecer o sono.
Evitar oferecer grandes refeições 30-60 minutos antes de dormir e durante a madrugada.

Da mesma maneira que as crianças e os adolescentes aprenderam a dormir com a ajuda dos cuidadores, eles terão que aprender a dormir sozinhos. E esse processo de reeducação do sono pode levar algumas semanas. Há inúmeras técnicas de TCCi. O objetivo de todos os métodos não é ninar a criança e fazê-la adormecer. Mais do que isso, é ensiná-la a adormecer sozinha.

Na extinção gradativa ou extinção controlada ou "choro controlado", os cuidadores devem ignorar as birras e o choro da criança no horário de dormir. Eles entram no quarto, colocam a criança sonolenta no berço ou na cama, dizem que está na hora de dormir, desejam boa-noite e deixam o quarto da criança antes de ela adormecer.

Os cuidadores só retornam ao quarto em períodos pré-determinados se o comportamento de birras e choro persistir (por exemplo, retornar a cada três minutos, ou ampliar o tempo de espera de forma progressiva, até 20 minutos).

Ao retornar, devem ser breves e checar em menos de um minuto se a criança está bem. Não se deve pegar a criança no colo ou embalar. De modo claro, gentil e firme, pode-se dizer que está tudo bem, que é hora de dormir, desejar novamente boa-noite e deixar o quarto. Se precisarem retornar ao quarto, pode-se esperar um pouco mais a cada visita. Esse método pode ser eficaz em duas a quatro semanas.

A extinção gradativa com presença parental, também chamada de "método da cadeira", é semelhante à extinção gradativa, porém com a presença dos cuidadores no mesmo quarto da criança. Uma cadeira ou colchão deve ficar ao lado da cama ou do berço da criança. Deve-se colocar a criança na cama ou no berço acordada e afagar suas costas. Contudo, sem pegar no colo ou embalar.

Em seguida, deve-se reduzir progressivamente a presença dos cuidadores no quarto, de forma a movimentar a cadeira ou o colchão do lado da cama ou do berço para o meio do quarto e, depois, para próximo à porta. Aproximadamente na 10ª noite, a cadeira (ou o colchão) pode ser posicionada para fora do quarto.

Por fim, no "método do colo" ou *Pick Up/Put Down*, os cuidadores devem entrar no quarto e pegar a criança no colo. Em seguida, devem colocar a criança ainda sonolenta na cama ou no berço quantas vezes forem necessárias, imediatamente após cessar a birra ou o choro. Mas não devem permitir que a criança adormeça no colo ou no peito mamando. Tão logo a criança pare de fazer birra ou chorar, antes mesmo de adormecer, os cuidadores devem colocá-la novamente no berço ou na cama.

O tratamento farmacológico, por sua vez, demonstra ser pouco efetivo e apenas é indicado em caso de persistência dos sintomas após a TCCi. O uso de medicamentos sempre deve ser combinado à TCCi. Todavia, os medicamentos podem não ser eficazes em 95% dos casos de TI. E, em 5% dos casos, os medicamentos podem ser eficazes apenas nos primeiros dias de uso. Os sintomas podem retornar mesmo com a continuação do tratamento, caso a TCCi não seja utilizada.

Há vários medicamentos que causam sonolência e que podem ser utilizados, a depender da experiência clínica de cada profissional. Suplementos com melatonina podem beneficiar esses indivíduos, bem como evitar o uso de outros medicamentos com mais efeitos colaterais.

Se mesmo com as medidas de higiene do sono e com a TCCi a criança e o adolescente persistam com TI, e caso o TI esteja associado a outros sintomas, como ronco, falta de ar e enurese noturna, faz-se necessária uma avaliação diagnóstica e terapêutica com um especialista em medicina do sono.

Referências
ADKINS, K. W. et al. *Effects of a Standardized Pamphlet on Insomnia* in Children With Autism Spectrum Disorders. Pediatrics, v.130, suplem. 2 de novembro, 2012.
ALLIK, H.; LARSSON, J. O.; SMEDJE. H. *Insomnia in school-age children with Asperger syndrome or high-functioning autism.* BMC Psychiatry, 6:18, 2006.
ASSOCIAÇÃO BRASILEIRA DO SONO. *Insônia: do diagnóstico ao tratamento.* III Consenso Brasileiro de Insônia. Andrea Bacelar, Luciano Ribeiro Pinto Jr. 1.ed. São Paulo, 2013.
CORTE, F. et al. *Controlled-release melatonin, singly and combined with cognitive behavioural therapy, for persistent insomnia in children with autism spectrum disorders: a randomized placebo-controlled trial.* J. Sleep Res, European Sleep Research Society, n. 21, pp.700-709, 2012.
CORTESE, S. et al. *Sleep disorders in children and adolescents: a practical guide.* In: REY, J.M. (org.). IACAPAP. *e-Textbook of Child and Adolescent Mental Health.* Geneva: International Association for Child and Adolescent Psychiatry and Allied Professions, 2014.
GIANNOTTI, F. et al. *Sleep in children with autism with and without autistic regression.* J. Sleep Res, European Sleep Research Society, 2010, n.20, pp. 338-347.
GOLDMAN, S. E. et al. *Characterizing sleep in adolescents and adults with Autism Spectrum Disorders.* J Autism Dev Disord, junho, 2017, n.47, v.6, pp.1682-1695.
HALAL, C. S.E.; NUNES, M. L. *Educação em higiene do sono na infância: quais abordagens são efetivas? Uma revisão sistemática da literatura.* J. Pediatr. (Rio J.), Porto Alegre, outubro, 2014, v.90, n.5, pp.449-456.
IDIAZÁBAL, M. A.; ESTIVILL, E. S. *Tratamiento del insomnio en niños: aspectos farmacológicos.* An Pediatr (Barcelona), 2003, n. 59, p. 239-45.
KACZOR, M; SKALSKI, M. *Prevalence and consequences of insomnia in pediatric population.* Psychiatr Pol, 2016, n.50, pp. 555-569.
MA, Z. R.; SHI, L. J.; DENG, M. H. *Efficacy of cognitive behavioral therapy in children and adolescents with insomnia: a systematic review and meta-analysis.* Braz J Med Biol Res, Ribeirão Preto, 2018, v.51, n.6.
MALOW, B. A. et al. *Parent-Based Sleep Education for Children with Autism Spectrum Disorders.* J Autism Dev Disord, janeiro, 2014, n.44, v.1.
MINDELL, J. A. et al. *Behavioral treatment of bedtime problems and night wakings in infants and young children.* Sleep, 2006, n.29, v.10, pp.1263-1276.
NUNES, M. L.; BRUNI, O. *Insônia na infância e adolescência: aspectos clínicos, diagnóstico e abordagem terapêutica.* J. Pediatr. (Rio J.), dezembro, 2015, Porto Alegre, v.91, n.6, supl. 1, pp.26-35.
NUNES, M. L.; CAVALCANTE, V. *Avaliação clínica e manejo da insônia em pacientes pediátricos.* J. Pediatr. (Rio J.), agosto, 2005, Porto Alegre, v.81, n.4, pp. 277-286.
OWENS, J. et al. *Insufficient sleep in adolescents and young adults: an update on causes and consequences.* Pediatrics, 2014, n.134, v.3, pp. 921-932.
PIN ARBOLEDAS G. et al. *Insomnio en niños y adolescentes. Documento de consenso.* An Pediatr (Barcelona), 2017, n.86.
REED, H. E. et al. *Parent-Based Sleep Education Workshops in Autism.* J Child Neurol, agosto, 2009, n.24, v.8, pp. 936-945.
SOUDERS, M. C. et al. *Sleep in Children with Autism Spectrum Disorder.* Curr Psychiatry Rep, junho, 2017, n.19, v.6.

SOUDERS, M. C. et al. *Sleep Behaviors and Sleep Quality in Children with Autism Spectrum Disorders*, Sleep, 2009, vol.32, n.12.

TENENBOJM, E. et al. *Causas de insônia nos primeiros anos de vida e repercussão nas mães: atualização.* Rev Paul Pediatr, 2010, v.28, n.2, pp. 221-226.

VEATCH. O. J. et al. *Sleep in children with autism spectrum disorders: how are measures of parent report and actigraphy related and affected by sleep education?* Behav Sleep Med, 2016, n.14, v.6, pp.665-676.

VEATCH. O. J; MAXWELL-HORN, A. C.; MALOW, B. A. *Sleep in Autism Spectrum Disorders.* Curr Sleep Med Rep, junho, 2015, n.1, v.2, pp.131-140.

WEISS, S. K.; MALLOW, B. A. *Estratégias para melhorar o sono de crianças com Transtornos do Espectro do Autismo: um guia para pais.* Autism Speaks. Autism Treatment Network. Traduzido pelo Instituto Pensi da Fundação José Luiz Egydio Setúbal. 2013, Disponível em: <https://autismoerealidade.org.br/convivendo-com-o-tea/cartilhas/estrategias--para-melhorar-o-sono-de-criancas-com-transtornos-do-espectro-do-autismo/>. Acesso em: 26 de mar. de 2019.

Capítulo 13

Atuação da Terapia Ocupacional no autismo: uma costura analítico-comportamental

Cristina Camargo & Julia de Almeida Silva

Neste capítulo, vamos dialogar sobre a interface entre terapia ocupacional e análise do comportamento. Nosso objetivo principal é que todos os profissionais dessas duas grandes áreas possam usar este conteúdo para respaldar suas intervenções e criar raciocínio clínico coerente com cada intervenção terapêutica diante de uma costura analítico-comportamental.

Cristina Camargo

Graduada em Terapia Ocupacional pela Unesp, possui mestrado em Terapia Ocupacional e doutorado em Fisioterapia, ambos pela UFSCAR. Tem especialização em neurologia e neuropediatria. Possui publicações sobre transtornos de aprendizagem, síndrome de Down e autismo. Atuou com o método PediaSuit. Atualmente é coordenadora da área de Terapia Ocupacional junto ao Grupo Gradual.

Julia de Almeida Silva

Graduada em Terapia Ocupacional pela Unesp, possui aprimoramento em Saúde Mental pelo HSPE, cursos complementares em Integração Sensorial e Análise do Comportamento, atua há cinco anos com crianças com desenvolvimento atípico.

Contatos

Cristina
criscamargo.to@yahoo.com.br
Facebook: @DraCristinaCamargoTerapeutaOcupacional
https://bit.ly/2xpwxtK
Instagram: @criscamargo_to
(11) 98706-8535

Julia
juliadealmeida.to@gmail.com

Cristina Camargo & Julia de Almeida Silva

A Terapia Ocupacional é uma profissão com enfoque na ocupação humana. O termo ocupação refere-se às atividades nas quais as pessoas se envolvem ao longo da vida, ocorrendo em um determinado contexto, nas famílias e em comunidades, e que trazem significado e propósito à vida. Ocupações incluem o que as pessoas precisam, querem e estão esperando fazer (Federação Mundial de Terapeutas Ocupacionais, 2012). Ocupações podem envolver a execução de múltiplas atividades para sua conclusão e resultar em vários efeitos.

A literatura da área de Terapia Ocupacional descreve a ocupação como vários tipos de atividades cotidianas nas quais indivíduos, grupos ou populações se envolvem, incluindo atividades de vida diária (AVD), atividades instrumentais de vida diária (AIVD), descanso e sono, educação, trabalho, brincar, lazer e participação social, portanto a terapia ocupacional está diretamente ligada ao repertório de cada ser humano no seu contexto geral de vida.

Gambril (2012) e Schwartz e Goldiamond (1975) descrevem em seus estudos que os profissionais que atuam com a Análise do Comportamento Aplicada (ABA) enfatizam o desenvolvimento de habilidades baseadas no cliente e que são significativas para o mesmo, não apenas restringindo-se à extinção de comportamentos indesejados, mas também com um novo aprendizado capaz de mudar o repertório inicial desse indivíduo.

Diante desses dois contextos apresentados, destacamos que ambas as ciências atuam no ser humano e suas habilidades, o que vemos como o principal foco de interesse do nosso diálogo: interface entre a ciência da terapia ocupacional e a ciência da análise do comportamento aplicada ao tratamento das pessoas do Transtorno do Espectro do Autismo (TEA).

Na terapia ocupacional, temos respaldo desde sua formação inicial para atuar nas ocupações humanas, dando significado ao mínimo do movimento, adaptando quando necessário, ensinando, dividindo uma habilidade em diversas etapas para o aprendizado daquele ser humano único, vendo suas potencialidades e dificuldades. Durante os anos de formação na graduação, a Terapia Ocupacional desenvolve o olhar sob o uso de ocupações para promover a saúde, o bem-estar e a participação na vida, usando as ocupações e atividades selecionadas de forma terapêutica, como métodos primários de atuação em todo o processo intervencionista. Essa perspectiva baseia-se na teoria, no conhecimento e nas habilidades geradas e utilizadas no âmbito da profissão e com base em evidências (AOTA), permeando a relação dos clientes com suas ocupações, ambientes e contextos.

Em todas as idades, podemos identificar os papéis ocupacionais do ser humano, nas crianças destacamos os papéis ocupacionais do brincar, frequentar a escola, ter seus momentos de lazer, descanso, entre outras atividades. Neste panorama, identifica-se que as crianças com TEA apresentam atrasos significativos no seu desenvolvimento neuropsicomotor (APA, 2014), tornando-as dependentes na maioria de suas atividades. Na infância, os déficits motores podem acarretar diversos prejuízos para a independência e a autonomia, nas principais atividades do cotidiano (Camargo, et al, 2019).

Com a "costura analítico-comportamental", feita na perspectiva transdisciplinar, conseguimos estimular as potencialidades de cada criança de forma única, favorecendo o "fazer humano da infância" com base na especificidade da terapia ocupacional. Nesta perspectiva, encontram-se estudos que fortalecem o atendimento da terapia ocupacional com crianças com TEA, independentemente da abordagem utilizada, para favorecer o desenvolvimento, a independência e a inclusão social (MINATEL, 2013).

Pela visão do terapeuta ocupacional, observamos o contexto da atividade e o desempenho ocupacional nela, baseada em componentes de desempenho:

Físicos	Sensoriais	Cognitivos	Afetivo e social
Força	Processamento sensorial	Raciocínio	Emoções
Tônus muscular	Processamento percentual	Pensamento	Sentimentos
Alinhamento postural		Abstração	Afeto
Coordenação motora		Memória	Crenças
		Linguagem	Cultura
		Atenção	
		Criatividade	

Willard & Spackman, 2002. Revisão: "Processamento sensorial".

Na ciência ABA, a autonomia do indivíduo também é um dos objetivos principais, e para tal exige o planejamento e o desenvolvimento de uma série de comportamentos. O analista do comportamento tem em mãos a análise da tarefa e a análise funcional do comportamento que permite a elaboração de um plano de ensino individualizado, enquanto o terapeuta ocupacional aprende na sua formação a análise da atividade dentro dos componentes de desempenho.

Quando falamos de diálogo das profissões, afirmamos paralelos importantes dentro da ótica da análise feita pelo analista do comportamento e da análise feita pelo terapeuta ocupacional. Por exemplo, em uma atividade de montar um quebra-cabeça de quatro peças, conseguimos verificar a atenção, coordenação motora, memória, raciocínio, sendo que diante desses aspectos cada profissional terá sua perspectiva, mas os olhares se complementam.

Destacaremos a seguir exemplos de relações de fortalecimento entre a ciência ABA e TO: o componente do desempenho atenção em TO está muito relacionado com o contato visual da criança, com o terapeuta e com a atividade; pela memorização destacamos o encaixe das partes que faltam no desenho, esse tipo de atividade exige também uma boa percepção visual da criança; quando falamos do raciocínio, fazemos referência ao quanto a criança identifica diferenças e similaridades (emparelhamento) entre as peças para conseguir encaixar; podemos também verificar a coordenação motora, se a criança consegue manipular e encaixar aquelas peças, se consegue realizar imitação motora feita previamente pelo terapeuta e fazer igual para montar o quebra-cabeça.

Uma outra atividade que também podemos exemplificar é o jogo da memória, conseguimos observar troca de turno, atenção compartilhada, reciprocidade socioemocional, identificar a vez de cada jogador, treinar a espera, flexibilidade ao errar as peças e tentar de novo em um nova rodada, esses são alguns dos componentes que o analista do comportamento pode observar, enquanto o terapeuta ocupacional pode se atentar a outros componentes que envolvem essa tarefa: manipulação das peças, textura da peça, controle de membros superiores, precisão de movimentos, percepção visual. Portanto, ambas as práticas são necessárias e se complementam.

Em uma perspectiva de um contexto de vida diária, por exemplo uma praça de alimentação de um *shopping*, quando nos deparamos com algo novo vamos geralmente observar o que está acontecendo a nossa volta para fazer igual, isso nos remete ao repertório de imitação motora ampla, um requisito essencial para a aprendizagem. Analisando o contexto no qual a atividade está inserida, temos vários movimentos complexos que exigem tônus, alinhamento postural, percepção visual, entre outras características presentes.

Exemplificando outro contexto, quando estamos dentro de uma rodoviária, em que não conhecemos nenhuma área daquele lugar, vamos frequentemente olhar as informações das placas para seguir instruções: de como chegar até o guichê de compra de passagens, como ir até o local de embarque, localização de espaços para fazer um lanche, indicação de banheiros. Todas essas informações dão autonomia para que o indivíduo possa fazer o que precisa naquele ambiente de maneira independente.

Quando pensamos juntos, enquanto analistas do comportamento e terapeutas ocupacionais, temos que ver como o indivíduo consegue ou não executar aquela atividade, quais são os requisitos essenciais para a execução, para então elaborar um plano de ensino individualizado.

Enquanto estratégia de ensino, o profissional da T.O. (Terapia Ocupacional) pode usar ferramentas da análise do comportamento para conseguir realizar suas intervenções, e o analista do comportamento pode colaborar ao identificar dificuldades que possam dificultar a agilidade motora e/ou alterações sensoriais envolvidas naquela atividade, assim como encaminhar ao profissional responsável pela área.

Em especial nas crianças com TEA, destacamos o quanto a análise do comportamento aplicada é benéfica para a evolução do desenvolvimento tendo um prognóstico significativo, e com a visão da transdisciplinaridade conseguimos evidenciar, nos exemplos descritos previamente, características pertinentes à intervenção do autismo dentro de atividades de variados contextos e fases da vida.

Muitas vezes estamos analisando o mesmo aspecto, comportamento e/ou componente de desempenho, o diferencial está no olhar de cada profissional e em como cada um interpreta aqueles dados diante do fazer de sua atuação profissional.

Acreditamos que o diálogo constante entre os profissionais que compõem uma equipe transdisciplinar é de extrema importância, assim o alinhamento das interpretações coletadas diante das análises feitas pelos profissionais tem o objetivo de traçar uma linha de intervenção corroborativa com ambas as óticas, contribuindo de fato para uma evolução ímpar com cada indivíduo.

Referências

APA, AMERICAN PSYCHIATRIC ASSOCIATION DSM-5. *Manual Diagnóstico e Estatístico de Transtornos Mentais*. 5.ed. Porto Alegre: Artmed, 2014.

AOTA, ASSOCIAÇÃO AMERICANA DE TERAPIA OCUPACIONAL. *Estrutura da prática da Terapia Ocupacional: domínio & processo*. 3.ed. Rev. Ter. Ocup. Univ. São Paulo, janeiro-abril, 26 (edição especial), 2015, pp.1-49.

CAMARGO, C.; GOMES, A. T.; ROMANO, C.; BAGAIOLO L.; GODOI, J. A. *Intervenção da Terapia Ocupacional sob a perspectiva analítico comportamental. Comporte-se Psicologia e Análise do Comportamento*. Disponível em: <https://www.comportese.com/2019/09/a-intervencao-da-terapia-ocupacional-sob-a-perspectiva-analitico--comportamental>. Acesso em: 16. de out. de 2019.

CAVALCANTI, A. *Terapia Ocupacional: fundamentação e prática*. Rio de Janeiro: Guanabara Koogan, 2011.

GAMBRILL, E. *Birds of a feather: Applied behavior analysis and quality of life. Research on Social Work Practice*, 2012, 23, pp.121-140.

MINATEL, M. M. *Cotidiano, demandas e apoio social de famílias de crianças e adolescentes com autismo*, 103 p. Dissertação (Mestrado em Terapia Ocupacional). Programa de Pós-Graduação em Terapia Ocupacional, Centro de Ciências Biológicas e da Saúde, Universidade Federal de São Carlos, São Carlos, 2013.

SCHWARTZ, A; GOLDIAMOND, I. *Social casework: a behavioral approach*. New York: Columbia University Press, 1975.

SPACKMAN, C.S.; NEISTADT, E.M.; CREPEAU, E.B.; Willard & Spackman. *Terapia Ocupacional*. Rio de Janeiro: Guanabara Koogan, 2002.

WORLD FEDERATION OF OCCUPATIONAL THERAPISTS - WFOT. *Position Statement Activities of Daily Living*. [s.l.]: WFOT, 2012.

Capítulo 14

Amanda Placoná Merlini & Willian do Prado Alves

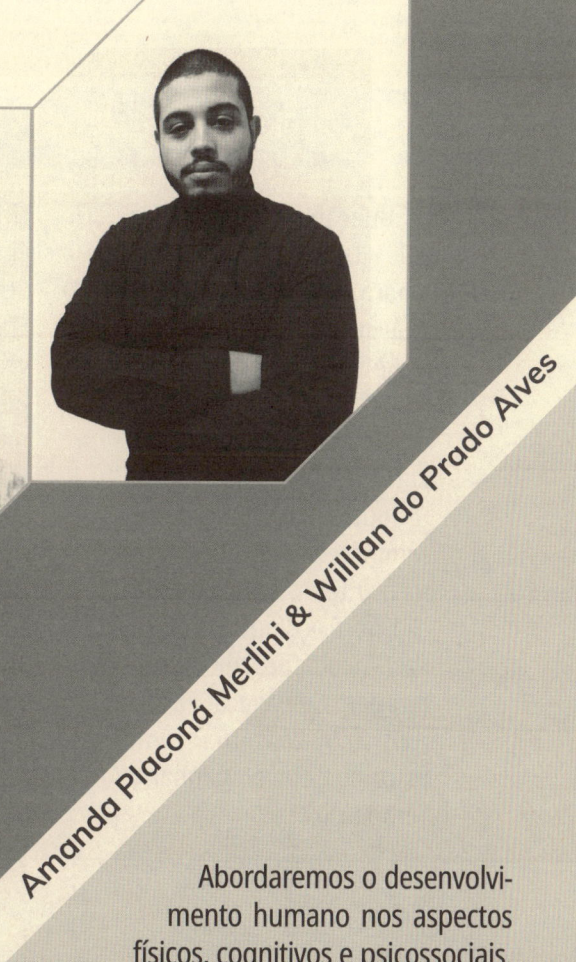

Aplicabilidade da intervenção motora em indivíduos com Transtorno do Espectro do Autismo

Abordaremos o desenvolvimento humano nos aspectos físicos, cognitivos e psicossociais. Com ênfase no desenvolvimento motor, veremos o quanto a perspectiva clínica auxilia para detectar fatores que contribuem para os atrasos no desenvolvimento global. Falaremos de estratégias de intervenção para indivíduos com o diagnóstico do Transtorno do Espectro Autista (TEA) e como o profissional de educação física contribui na intervenção e atuação dentro das equipes multidisciplinares.

Amanda Placoná Merlini

Graduação em Psicologia pela Universidade Santo Amaro. Pós-graduanda em Análise do Comportamento Aplicada pela Faculdade Inspirar. Aprimoramento em Análise do Comportamento pelo Grupo Gradual. Participação em seminários: Acompanhamento Terapêutico; A Atuação do Psicólogo Escolar e as Dificuldades de Aprendizagem; Avaliação Neuropsicológica. Atua como psicóloga e Acompanhante Terapêutica.

Willian do Prado Alves

Licenciatura em Educação Física pela Faculdade Mario Schenberg. Bacharelado em Educação Física pela Universidade Nove de Julho. Pós-graduando em Psicomotricidade pelo Centro Universitário das Faculdades Metropolitanas Unidas. Aprimoramento em Análise do Comportamento pelo Grupo Gradual. Educação Física Especial Aplicada ao TEA pelo Modelo Exerciência.

Contatos

Amanda
amaanda.psi@hotmail.com
(11) 99105-8382

Willian
impetoipc@gmail.com
Instagram: @impetoipc
(11) 95638-3129

Para ser possível realizar uma intervenção motora em indivíduos com atraso no desenvolvimento, é necessário um processo de avaliação cuidadoso, levando em consideração sua singularidade, aspectos importantes do desenvolvimento e maturação, tais como fatores ambientais, cognitivos, motores e outros. Sendo assim, é fundamental ter uma perspectiva do desenvolvimento geral para a realização de uma avaliação precisa e assertiva, compreendendo em qual fase do desenvolvimento a pessoa se encontra e se existem outras limitações para, assim, elencar a forma mais eficaz de intervenção.

A literatura mostra que o desenvolvimento humano pode ser caracterizado pelo estudo científico do processo de mudanças que ocorrem nos indivíduos, que se transformam desde a concepção até o fim da vida. O desenvolvimento é estudado por três principais domínios, que são: aspectos físicos, cognitivos e psicossociais.

O desenvolvimento físico consiste no crescimento da estrutura física, saúde, ampliação de habilidades motoras e capacidades sensoriais. Já o desenvolvimento cognitivo está relacionado às habilidades de aprendizagem: atenção, memória, linguagem, pensamento, raciocínio e criatividade. Enquanto o psicossocial é vinculado às emoções, construção da personalidade e relações sociais. Dessa forma, vemos que essas divisões se relacionam durante toda a vida, impactando no desenvolvimento de cada área.

É importante lembrar que o desenvolvimento ocorre de maneiras diferentes para cada indivíduo. Considerando as divisões do desenvolvimento citadas, será dada ênfase ao desenvolvimento físico, tendo o olhar voltado para as habilidades motoras e como elas podem ser estimuladas em cada momento da vida.

Quando pensamos sobre desenvolvimento motor, falamos em como a criança adquire habilidades motoras e desenvolve sua área física, fazendo com que evolua de acordo com sua faixa etária, contexto biopsicossocial e os estímulos (internos e externos) que são expostos durante a vida, tendo um refinamento das ações motoras. As pessoas, depois do nascimento, aprendem e aprimoram seus movimentos por meio de mudanças de parâmetros físicos e suas experiências.

O desenvolvimento motor está relacionado ao ambiente (fator externo), indivíduo (biológico) e tarefa (objetivo para executar uma ação motora), as habilidades motoras são sucessivas durante todas as fases do desenvolvimento, porém o ritmo se diferencia de uma criança para outra.

Durante a vida, passamos pelo denominado "período crítico" que está vinculado a um tempo determinado em que um evento ou ausência dele impactam sobre o desenvolvimento, ou seja, se uma estimulação não acontecer dentro de um período de maturação específico, não haverá o desenvolvimento esperado.

Por isso, ao longo da vida, os seres humanos são expostos a situações diversificadas, fazendo com que o organismo tenha que se adaptar e transformar essas experiências em novos aprendizados, o que estimula e gera conexões nervosas, resultando no desenvolvimento das áreas físicas, cognitivas e psicossociais.

Essas conexões nervosas ocorrem dentro do encéfalo envolvendo os neurônios. Os neurônios são unidades básicas, diferenciadas por suas características (forma, função, localização e conectividade), que têm como principal função receber e transmitir informações para outros neurônios. A finalização da sinalização neuronal é realizada por meio da comunicação entre outros neurônios com músculos. Essa ação é denominada sinapse, que pode ocorrer por meio de gatilhos químicos e/ou elétricos.

Esse mecanismo de comunicação neuronal sucede por junções anatômicas (sinapse) que podem ser provocadas por estímulos intrínsecos (internos) e extrínsecos (externos).

Sendo assim, o primeiro termo refere-se a gatilhos físicos e/ou fisiológicos, que podem ser caracterizados como necessidades básicas (sede, fome, sono e outras), levando o indivíduo realizar uma ou mais ações motoras de forma involuntária ou voluntária. Já os estímulos extrínsecos atuam de forma antagônica e utilizam vias sensoriais (visão, tato, paladar, olfato, audição, vestibular ou proprioceptivo) para sinalizar aos neurônios aferentes (que recebem informações) a levar informação externa para o sistema nervoso central (SNC). Se a ação for nova ou complexa, o planejamento para a execução ocorre no encéfalo, que transmite a informação planejada para os membros responsáveis realizarem a ação necessária (motora e fisiológica).

Dessa forma, a ação motora se caracteriza de maneira cíclica, sendo que passa pelas áreas das sensações, percepção, cognição e movimento. Essa ação pode partir de qualquer uma das áreas citadas, por exemplo, o sujeito sente por meio das vias sensoriais, percebe a informação, pensa em como solucionar a situação e realiza o movimento necessário. Pensando que esse processo se repete, o indivíduo tem acesso a novas sensações a partir do movimento.

Sabendo que o organismo cria estratégias para utilizar menos energia na realização de tarefas, um movimento voluntário pode passar a ser automatizado (uma ação considerada complexa para o indivíduo, após ser executada repetidas vezes, torna-se mais fácil de ser realizada por conta da experiência adquirida), resultando então no chamado reflexo inato. Este é diferente do reflexo nato, que se faz presente desde o nosso nascimento, podendo ser chamado também de reflexos primitivos (moro, sucção, preensão palmar e preensão plantar, entre outros).

Dessa forma, o desenvolvimento motor acontece a partir de reflexos natos e movimentos voluntários que se tornam reflexos inatos, fazendo com que o indivíduo amplie seu repertório motor. Autores defendem que, para compreendermos manifestações das habilidades motoras em cada momento da vida, é necessário dividirmos as áreas por fases e estágios que sofrem alterações de maneiras cronológicas. Por meio do QR CODE a seguir será apresentada uma tabela resumindo os estágios e as fases do desenvolvimento motor segundo esses escritores (Gallahue e Ozmun). Acesse com seu celular e um leitor para visualizá-la.

Em cada fase e estágio do desenvolvimento motor é importante que ocorram estimulações para a ampliação sucessiva desse repertório. Essas estimulações estão relacionadas com o quanto o indivíduo tem acesso a variáveis ambientais, individuais e suas tarefas, resultando em movimentos que refinam o seu comportamento motor. Pensando nisso, a participação da família e outros profissionais torna-se fundamental para que essas estimulações sejam ofertadas para os indivíduos, levando em consideração cada fase do desenvolvimento.

Skinner destaca que a idade e maturação são aspectos importantes para o desenvolvimento humano. O autor menciona que o tempo em que o comportamento ocorre pode ser visto como uma variável independente (o que não depende de outra variável para acontecer) para prevenir o comportamento, por isso, explica que mudanças comportamentais seguem um ciclo e estas acontecem durante a vida do indivíduo, fazendo com que a maturação dele auxilie na probabilidade de um determinado comportamento ocorrer de acordo com a idade.

Embora Skinner defenda a idade como um dos aspectos fundamentais, afirma também que as diferenças individuais podem impactar nessas previsões, ou seja, apenas a idade média não nos permite afirmar que os comportamentos serão semelhantes entre os indivíduos da mesma faixa etária, mas sugere que há uma periodicidade para que as modificações comportamentais apareçam, fazendo com que se torne uma variável descritiva (possível ter previsões). É importante ressaltar que essa teoria do desenvolvimento citada utiliza os princípios da filosofia behaviorista, que leva em consideração a pesquisa e atuação com sujeito único, ou seja, cada comportamento se manifestará de uma maneira e a modificação comportamental ocorrerá de acordo com os estímulos que serão apresentados para esse indivíduo.

O desenvolvimento pode ocorrer de diferentes maneiras e ser caracterizado como desenvolvimento típico (comum) e atípico (incomum). Para que o desenvolvimento seja determinado como atípico, é necessário que haja alterações que prejudicam o indivíduo em áreas pessoais, sociais, acadêmicas e profissionais. Um exemplo de desenvolvimento atípico é o Transtorno do Espectro Autista (TEA).

Grande parte dos indivíduos que estão dentro do TEA apresentam alterações significativas que impactam diretamente no funcionamento de todas as áreas, entre elas, a motora.

Para avaliarmos as questões motoras, na literatura e nos estudos, há avaliações protocoladas que possuem objetivos diferentes frente a cada faixa etária, como: Movement Assessment Battery for Children (MABC); Escala de Desenvolvimento Motor (EDM) e Teste de Proficiência de Bruininks-Oseretsky (TBO). Entretanto, é possível que o profissional de Educação Física realize observações clínicas e registre quais são as habilidades deficitárias, para que direcione a intervenção. Quando falamos a respeito do TEA, algumas variáveis devem ser consideradas para a aplicabilidade de testes avaliativos, como: habilidades de pré-requisitos para a conclusão do que é solicitado no teste. Por isso, recomenda-se que o profissional crie uma avaliação diagnóstica, coletando dados de linha de base, considerando informações de observações ambientais e anamneses para que o resultado da avaliação seja mais coeso e preciso.

A Análise do Comportamento é a ciência que estuda os fenômenos do comportamento humano, utilizando o sujeito único como forma de fazer pesquisa. Por conta disso, existe a aplicação, baseada em evidências científicas, para ser realizado o planejamento e intervenção para a modificação de determinado comportamento, utilizando a Análise do Comportamento Aplicada (ABA), que tem como principal função o ensino de habilidades.

Considerando que indivíduos com TEA apresentam acometimentos nas áreas do desenvolvimento, tornando-se necessárias estimulações e aprendizagens de diferentes habilidades, a ABA contribui para que elas sejam ensinadas. Alguns recursos, como: observação, descrição de comportamentos, delineamento de respostas observadas, avaliação funcional, registro diário, compreensão sobre hierarquia de ajuda, reforçadores e utilização de pistas visuais, entre outros, ajudam para a elaboração de uma intervenção individualizada na área motora, colaborando em como ensinar, treinar, fazer manutenção e generalizar as habilidades motoras em diferentes contextos. Ajuda também a identificar quais comportamentos-alvo deverão ser observados, avaliados e modificados para maximizar ou minimizar a ocorrência deles.

O profissional de Educação Física, após compreender todos os aspectos do desenvolvimento e realizar uma avaliação do indivíduo, deve planejar sua intervenção para desenvolver na criança com TEA os aspectos deficitários, contribuindo para o melhor desempenho das habilidades motoras. Com a contribuição do desenvolvimento da área motora, outras habilidades básicas podem melhorar, como: interação social, comunicação, linguagem, troca de turno, espera, flexibilidade, interesses, contato visual, imitação, identificação, seguimento de instrução sob tarefas, reciprocidade socioemocional, atenção compartilhada e a diminuição de estereotipias motoras.

Por isso, destaca-se a importância da equipe multidisciplinar, que atue de forma coesa, buscando a estimulação do indivíduo em sua totalidade para garantir um serviço de qualidade junto com responsáveis, cuidadores e outros profissionais da criança. Essa parceria entre profissionais e família/cuidadores é fundamental para garantir o ensino das habilidades motoras e estimulações constantes. Esse contato mútuo pode ser realizado em uma periodicidade combinada entre o profissional de Educação Física e a família, com o objetivo de dialogar sobre o andamento da intervenção.

Esse processo de avaliação e intervenção relacionado à estimulação em crianças com TEA envolve, desde o início, um olhar cuidadoso e profissional frente ao indivíduo. O profissional de Educação Física capacitado irá seguir a ordem de: realizar anamnese, coletar dados para constituir a avaliação, avaliar as áreas em déficits, elaborar um plano de ensino individualizado dessas habilidades considerando o período do desenvolvimento da criança, coletar dados de linha de base, implementar a intervenção, realizar uma avaliação processual, modificar ou manter as estratégias utilizadas. Assim, garantirá que a habilidade seja aprendida e generalizada.

Referências
CAMARGO JR., W. *Intervenção precoce no autismo – guia multidisciplinar – de 0 a 4 anos.* Artesã: Belo Horizonte, 2017.
CAROLINE A. V. P.; ÉRICA B. P. *Avaliação multidisciplinar no espectro autista.* Universidade de Ribeirão Preto (Unaerp), Campus Guarujá, 2016.
DSM-V. Disponível em: <http://www.niip.com.br/wp-content/uploads/2018/06/Manual-Diagnosico-e-Estatistico-de-Transtornos-Mentais-DSM-5-1-pdf.pdf>. Acesso em: 26 de mar. de 2020.
ESCOLA DE EDUCAÇÃO FÍSICA, FISIOTERAPIA E TERAPIA OCUPACIONAL/UFMG. *Validade e confiabilidade da movement assessment battery for children.* 2.ed para crianças brasileiras de 4 a 8 anos de idade. Belo Horizonte, 2015.
GALLAHUE, D. L.; OZMUZ, J. C. *Compreendendo o Desenvolvimento Motor: bebês, crianças e adolescentes e adultos.* São Paulo: Phorte, 2013.
GAZZANIGA, Michael S.; IVRY, Richard B.; MANGUN; George R. *Neurociência Cognitiva – a biologia da mente.* Artmed: São Paulo, 2006.
JOÃO, C. T. *Sobre uma definição de comportamento.* São Paulo: Perspectivas, vol.3, n.1, 2012.
PAPALIA, D. E.; FELDMAN e DUSKIN, R. *Desenvolvimento Humano.* Artmed: Porto Alegre, 2013.
SKINNER, B. F. *Science and human behavior.* New York: The Macmillan Company, 1953.
WILLRICH, A.; AZEVEDO, C.C.F.; FERNANDES, J.O. *Desenvolvimento motor na infância: influência dos fatores de risco e programas de intervenção.* Rev. Neurocienc, 2017.

Capítulo 15

Animais como recursos terapêuticos

Leticia Gomes & Raiza Nascimento

Os animais possibilitam situações para o desenvolvimento das habilidades sociais tanto em crianças como em adultos que se enquadram dentro do espectro do autismo. Algumas crianças não verbais formam laços profundos com animais e têm uma maneira singular de se comunicar com eles. Você já pensou nos benefícios que essa relação milenar pode trazer para o *setting* terapêutico?

Leticia Gomes

Graduanda em Psicologia pela Universidade de Mogi das Cruzes (UMC), graduação sanduíche pela Universidade de Lisboa (FPUL); membro da Liga Acadêmica de Análise do Comportamento da UMC. Concluiu o curso de Capacitação Avançada em Análise do Comportamento Aplicada (ABA) pelo Núcleo Direcional e o curso de Capacitação em Intervenção Assistida por Animais (IAA) ministrado pela psicóloga Karen Thomsen. Atua com equoterapia voltada para crianças atípicas, voluntária em Intervenções Assistidas por Animais no Projeto Patas no Divã, aplicadora ABA no Núcleo Direcional.

Raiza Nascimento

Graduanda em Psicologia pela Universidade Metodista de São Paulo (UMC); Minicurso em Análise do Comportamento e Desenvolvimento Atípico pela Comissão Organizadora da Jornada de Análise do Comportamento ABC. Curso de Noções Básicas de Psicologia da Aprendizagem pelo Cursos Online SP do Brasil. Capacitação avançada em ABA pelo Núcleo Direcional. Treinamento para equoterapia. Aplicadora ABA no Núcleo Direcional.

Contatos

Leticia
leticia.g.gomes@hotmail.com
Instagram: @leticia.nucleodirecional
(11) 99580-9269

Raiza
raiza.nos@hotmail.com
Instagram: @raiza.nucleodirecional
(11) 97458-1253

O trabalho com animais em ambiente terapêutico vem sendo validado de forma sistemática e intencional desde os séculos XVIII e XIX, com o projeto York Rereat. Fundado em 1792, no projeto os animais eram utilizados como forma de levar mais gentileza e cuidado aos tratamentos das pessoas na instituição em que foi inaugurado, a partir de então, notaram-se melhoras nos quadros clínicos dos pacientes e a utilização de animais passou a se espalhar por outros países da Europa.

Apesar dos benefícios serem observados desde muito antes, as investigações científicas sobre a intervenção terapêutica com animais foram iniciadas a partir da década de 1960, sendo seu pioneiro Boris Levinson, psiquiatra infantil, que constatou que a partir do início da utilização dos animais em suas consultas houve significativa redução da ansiedade de seus pacientes, enxergando, então, um canal facilitador de comunicação com seus pacientes mais introvertidos, presenciando mudanças positivas nas relações sociais em seu consultório (Chelini, Otta, 2015).

Esses primeiros trabalhos possibilitaram a abertura para um novo horizonte de técnicas que incluam os animais na atuação dos profissionais da saúde. As Intervenções Assistidas por Animais, que buscam promover o bem-estar e a saúde do ser humano por meio da interação com os animais, estão divididas em três grandes frentes: as atividades assistidas por animais (AAA), a educação assistida por animais (EAA) e a terapia assistida por animais (TAA).

Em todas elas, os animais participantes precisam ser previamente treinados e dessensibilizados com os estímulos com os quais terão contato nos atendimentos, sempre lembrando que o bem-estar do animal deve ser uma preocupação de quem adota essa prática, ou seja, existe uma série de cuidados prévios descritos pelo Comitê de Ética no Uso de Animais (CEUA) para que ele possa entrar nas intervenções, com um manuseamento ético rigoroso, garantindo a dignidade do animal, que não é um mero instrumento terapêutico. Além disso, os envolvidos nas atividades devem ser capacitados para atuarem na área, por meio de cursos de especialização e supervisões.

Apesar de possuírem características em comum, as técnicas citadas diferenciam-se em seus objetivos e metodologia. As AAAs trabalham com o desenvolvimento de atividades de entretenimento e recreação, nelas não precisam estar presentes profissionais da área da saúde, mas um condutor capacitado e animais treinados previamente, além de não ser necessário um acompanhamento sistemático dos dados dos pacientes atendidos. A EAA, que são intervenções com cunho pedagógico, envolve um profissional da pedagogia e um condutor capacitado, podendo ocorrer em diferentes locais, não somente na escola. Já a TAA envolve intervenções terapêuticas que utilizam a interação entre o humano e o animal como recurso na terapia, é uma intervenção direcionada, com objetivos claros e planos terapêuticos bem definidos, com acompanhamento e análise de dados antes e, após as intervenções, são realizadas por um profissional da área da saúde, um condutor e um animal previamente treinados.

Segundo a Organização Mundial da Saúde (OMS), estima-se que uma em cada 160 crianças se enquadram no Transtorno do Espectro Autista no Brasil, e pensando nas características desse público, a IAA vem como complemento e auxílio aos profissionais envolvidos no tratamento para obter resultados de forma mais rápida e de maneira mais lúdica, proporcionando a saída da rotina de consultório, nesse sentido os animais são coterapeutas, que agem como um catalisador, modificando o ambiente e o cotidiano da intervenção, trazendo diversos benefícios para as sessões.

No artigo de Nobre et al (2017), os autores demonstram os resultados positivos na medida que os animais em intervenção com crianças com TEA possibilitam aumento da interação social por meio do aumento de regras sociais como a saudação e a despedida, a capacidade de imitação de gestos, a reciprocidade emocional, a expressão de sentimentos e emoções e a motricidade global, quando comparados ao uso do método de psicoterapia sem o cão.

Pesquisas comprovam que crianças do espectro preferem interagir com animais a pessoas desconhecidas, porém, na presença de animais, essa interação é facilitada, e menos aversiva, assim como a vocalização é motivada, pois a criança prefere vocalizar com o animal ou sobre o animal. Também estão documentados o aumento significativo da exibição de afeto positivo e a diminuição de comportamentos sociais negativos; um dos estudos que demonstram esses benefícios foi escrito por Funahashi, em que descreve alterações em ações como "tocar espontaneamente o cão, sorrir e realizar comunicação verbal com o cão ou com o terapeuta, estabelecer contato visual e diminuição de comportamentos de esquiva e evitação durante as sessões" (Chelini, Otta, 2015).

De acordo com Magalhães (2014), o aumento dos comportamentos de interação social, vocalização e comportamento verbal, além da diminuição de comportamentos disruptivos e estereotipados, são os benefícios mais documentados na literatura; além disso, a diminuição da ansiedade e do estresse como resultado da interação com os animais possuem evidências fisiológicas, considerando-se que em indivíduos com TEA os níveis plasmáticos de ocitocina, hormônio envolvido na criação de laços afetivos, estão frequentemente diminuídos, e essa interação resulta no aumento da produção desse hormônio e na redução de catecolaminas e de cortisol, hormônios relacionados ao estresse (Savalli e Albuquerque, 2017).

Além do que pode agregar para as sessões de psicoterapia, os animais de trabalho podem ser excelentes instrumentos para atendimentos de Fonoaudiologia e Terapia Ocupacional. Para terapia fonoaudiológica, já existem estudos que demonstram que a Terapia Assistida por Animais favoreceu a interação terapeuta/paciente e intensificou o diálogo e a motivação para escrever e ler, além de diminuir os erros ortográficos e mobilizar a afetividade dos pacientes (Domingues, 2008).

Já na Terapia Ocupacional, os animais trazem novas possibilidades na medida que as intervenções assistidas conseguem "melhorar as atividades de vida diária utilizando o cachorro como meio para se chegar aos hábitos dos humanos" (Chagas et al, 2009), ou seja, o animal auxilia no processo de ensino das atividades de vida diária e de habilidades que precisamos aprender no dia a dia.

Além disso, segundo Chelini, Otta (2015), é comum que as crianças do espectro tenham alterações na regulação do processamento sensorial, tanto na modulação como no planejamento motor, desenvolvimento emocional-comportamental e na percepção visual; segundo Fernandes (2008), também é comum apresentarem dificuldades psicomotoras, pois não têm a compreensão do seu próprio corpo e das funções que cada parte exerce, ocasionando de acordo com Cruz e Pottker (2017) os chamados distúrbios do desenvolvimento do esquema corporal, sendo benéfico o tratamento chamado de equoterapia, na qual o cavalo é utilizado como ferramenta facilitadora para o desenvolvimento biopsicossocial do indivíduo, contribuindo para a melhoria das funções motoras e cognitivas da criança, com o objetivo de fazer com que a mesma seja capaz de reconhecer e controlar o seu próprio corpo, pois esse é o meio pelo qual a criança desenvolve o seu cognitivo; tais resultados se dão a partir dos movimentos tridimensionais proporcionados pelo cavalo, que estimulam o físico da criança em sua totalidade, exercitando equilíbrio, postura, coordenação motora e concentração, além de proporcionar interação social e diminuição da agressividade e agitação.

Sendo assim, há benefícios para todas as partes envolvidas no projeto, desde cuidadores e funcionários até os pacientes. Entretanto, somente a presença do animal não é suficiente para que haja tais evoluções, por isso, seguindo a linha da TAA, é de extrema importância o planejamento individual, assim como o manejo adequado do terapeuta, que deve agir como um facilitador entre a relação do paciente com o animal.

Para resultados satisfatórios, os animais precisam ter um perfil específico de comportamento, que pode ser detectado a partir de uma bateria de testes ou um teste observacional, como por exemplo o American Kennel Club (AKC), e o Canine Good Citizen Test (CGC), para os cachorros. Os principais requisitos para que o animal possa fazer parte das atividades assistidas são: aceitar pessoas estranhas amigavelmente, obedecer a comandos básicos, aceitar toques com maior intensidade de pressão tátil, suportar barulhos altos e não apresentar reflexos agressivos.

Além dessas características para uma intervenção eficiente, a relação entre o condutor e o animal é essencial, na medida que proporciona um ambiente seguro para todos os envolvidos, já que ele conhece os limites do animal, podendo definir em quais tipos de atividade o cão pode participar com segurança.

O paciente também precisa se encaixar dentro de alguns critérios, como não ser hipersensível a sons e cheiros dos animais e não ter alergias ou fobias; neste último, faz-se necessário utilizar-se do método de dessensibilização sistemática, no qual são realizadas exposições sucessivas do paciente ao animal, até que ele esteja preparado para a sessão e possa desfrutar de seus benefícios. Em todos os casos, é necessário avaliar as individualidades do paciente para promover a conduta mais adequada para a condução da sessão.

Destacamos ainda que, apesar de haver literaturas a respeito dos benefícios que os animais proporcionam para crianças com TEA, são escassos os estudos que comprovem cientificamente tal afirmação, devido à ausência de legislação adequada e investimentos financeiros necessários, que traz como consequência uma baixa replicabilidade dos estudos apresentados, tornando essa prática de intervenção escassa em nosso país; entretanto, todos os estudos realizados vão ao encontro do mesmo resultado: aos benefícios que as intervenções assistidas por animais levam ao tratamento das crianças do espectro.

Por meio da análise dos dados citados neste capítulo, é possível perceber a melhoria da qualidade de vida em nível de funcionamento global, físico, mental e social em comparação às intervenções sem a presença do animal nas diversas abordagens existentes. Um aumento significativo da operação motivadora, do contato social e visual e da vocalização, além da diminuição de comportamentos agressivos e disruptivos, são documentados em literaturas que comparam os resultados das intervenções realizadas com e sem os animais, não só em relação ao animal, mas também aos terapeutas, pais e pares; não só no sentido de melhoria das particularidades características do transtorno, mas de cuidado com o ser humano de maneira global.

Referências
FUNAHASHI A. et al. *Brief report: the smiles of a child with autism spectrum disorder during an animal-assisted activity may facilitate social positive behaviors--quantitative analysis with smile-detecting interface.* Journal of Autism and Developmental disorders, 2014.
CHELINI, M. O. M.; OTTA, E. *Terapia assistida por animais.* Editora Manole, 2015.
CRUZ, Q. et al. *As contribuições da equoterapia para o desenvolvimento psicomotor da criança com transtorno de espectro autista.* REVISTA UNINGÁ REVIEW, [S.l.], v.32, n.1, pp.147-158, outubro, 2017. ISSN 2178-2571. Disponível em: <http://revista.uninga.br/index.php/uningareviews/article/view/143>. Acesso em: 17 de nov. de 2019.
DOMINGUES, Camila Mantovani. *Terapia fonoaudiológica assistida por cães: estudo de casos clínicos.* 148f. Dissertação (Mestrado em Fonoaudiologia), Pontifícia Universidade Católica de São Paulo, São Paulo, 2008.
MAGALHÃES, M. F. de S. *O recurso a animais nas intervenções em crianças com perturbações do espectro do autismo.* Porto, 2014. Disponível em: <https://repositorio-aberto.up.pt/bitstream/10216/76761/2/32860.pdf>. Acesso em 17 de nov. de 2019.
NOBRE, F. S. et al. *Projeto pet terapia: intervenções assistidas por animais - uma prática para o benefício da saúde e educação humana.* Expressa Extensão, v.22I, n.1, 2017.
SAVALLI, C.; ALBUQUERQUE, N. de S. *Cognição e comportamento de cães.* EDICON, 2017.

Capítulo 16

O acompanhante terapêutico

Carolina Domene Franco da Rocha

O Acompanhamento Terapêutico (AT) é uma atuação clínica relativamente nova, especialmente no Brasil. Neste capítulo, o tema abordado será a ação do AT com a equipe multidisciplinar sob a perspectiva da Análise do Comportamento.

Carolina Domene Franco da Rocha

Psicóloga, graduada pela Universidade Presbiteriana Mackenzie, com ênfase em Ciências Biológicas e da Saúde. CRP: 06/134052. Cursando especialização em Neuroaprendizagem e Transtornos do Aprender, no Instituto Saber. Acompanhante Terapêutico em Abordagem Cognitivo-Comportamental pelo Ambulatório de Ansiedade do Instituto de Psiquiatria (IPq) do Hospital das Clínicas de São Paulo (HCFMUSP), supervisão da prof.ª Marcela Braz Ferraretto. Terapia Cognitiva-Comportamental – Centro de Estudos em Terapia Cognitivo-Comportamental. Capacitação Avançada em ABA: teoria e prática, Núcleo Direcional – intervenção e formação comportamental, entre outros diversos cursos. Atualmente, trabalha como acompanhante terapêutica domiciliar e escolar, na perspectiva da Análise do Comportamento, com crianças no Transtorno do Espectro Autista, transtornos de aprendizagem e psiquiátricos com adultos e adolescentes; orientação sobre alunos de inclusão, para professores. Atuação em psicologia clínica, com atendimentos de crianças e adultos.

Contato
(11) 99537-8616

Carolina Domene Franco da Rocha

O acompanhante terapêutico (AT) é conhecido por uma atuação clínica nascida dos movimentos da antipsiquiatria, passando por um modelo ligado à reforma psiquiátrica e à luta antimanicomial. Porém, ainda não se chegou a uma definição científica, apesar de existirem alguns fatores característicos como, por exemplo, ser um profissional que atende fora do *setting* convencional, independentemente da fundamentação teórica embasada.

No Brasil, é uma área relativamente nova e, muitas vezes, associada especificamente a casos de Transtorno do Espectro Autista (TEA). Contudo, não se pode deixar de comentar sua ampla atuação em diversas áreas da saúde, sendo possível com crianças, adolescentes, adultos e idosos, em casos de transtornos psiquiátricos como, por exemplo, transtornos de ansiedade (transtorno obsessivo compulsivo, pânico, fobias etc.), depressão, transtorno bipolar, esquizofrenia, psicose induzida por drogas, entre outros.

Note que a única característica em comum do AT seria a intervenção fora do consultório e depende do pressuposto teórico, mostrando a dificuldade em definir o acompanhante terapêutico. Na Argentina, por exemplo, em agosto de 2010 foi publicado o código de ética do AT, lá o Acompanhamento Terapêutico é caracterizado como profissão regulamentada. (Lic & Bustos, 2010).

No Brasil, ainda falta controle no exercício profissional e necessita-se da criação de leis e de um código de ética para esses profissionais, mostrando a importância de se pesquisar e publicar mais a respeito dessa prática, já que ainda se encontra muita carência na produção de conhecimento.

Neste capítulo, o papel do acompanhante terapêutico será na perspectiva da Análise do Comportamento, que descreve o papel do AT como um profissional que sai do ambiente tradicional da clínica para atuar no ambiente natural do cliente, sem restringir-se a contingências artificiais arranjadas no ambiente da clínica, apresentando características que seguem os mesmos pressupostos e intervenções do Behaviorismo Radical, com o uso de análise e manipulação de contingências que governam qualquer padrão de comportamento. Assim, a necessidade da inserção do AT em determinados ambientes, para a realização de uma intervenção, é baseada no objetivo que se deseja alcançar.

Pensando que o indivíduo passa muito mais tempo em casa, na escola, no trabalho ou em outros ambientes, seus comportamentos podem variar e esses são riquíssimos de contingências naturais, que não podem ser controlados e muitas vezes nem criados no ambiente da clínica.

Por exemplo, em casos de pacientes com TEA, que necessitam de treinos para aprendizagem de novos repertórios sociais importantes no contexto em que está inserido e/ou extinção de comportamentos inadequados, são traçados objetivos com a equipe multidisciplinar, para a intervenção e lugar que o AT deverá agir.

Portanto, os lugares em que o acompanhante terapêutico pode realizar as intervenções são diversos e não restritos. Na minha trajetória profissional trabalhando como AT, vivenciei casos comprovadamente satisfatórios em que o cliente, nos mais variados ambientes como escola, casa, parques, cinemas, entre outros, apresentou um vasto repertório de aprendizagem, com maior inclusão e consequentemente mais chances de socialização. Nesse contexto, é importante ressaltar que o AT pode, também em determinadas situações, orientar as pessoas que estão mais próximas do cliente (familiares e profissionais), possibilitando maior aproveitamento das intervenções realizadas com o AT anteriormente.

Vale ressaltar uma questão interessante: o profissional que atua no ambiente da clínica também pode realizar o trabalho de acompanhante terapêutico do seu cliente, o que não ocorre em muitos casos, devido a vários fatores, como alta demanda de clientes e/ou deslocamento, entre outros.

Outra questão a ser sempre observada na questão da intervenção, segundo Zamignani (1997), é comum se planejar a intervenção unicamente a partir da aplicação de técnicas de modificação do comportamento, ou seja, com a tendência de apenas focar na eliminação de comportamentos inadequados, e se acaba esquecendo da função que esse comportamento apresenta na vida do cliente.

Com a aplicação da técnica sem uma análise funcional adequada e bem estruturada, proporciona um trabalho incompleto e, muitas vezes, até inadequado, já que não leva em consideração as contingências que mantém tal comportamento inadequado, podendo gerar dificuldades ou até "substituição de sintomas".

Segundo Skinner (1993), o comportamento é relação e a resposta é apenas um elo de um evento mais amplo que inclui: 1) o contexto que antecedeu a resposta; 2) a resposta; 3) a consequência ambiental que se seguiu a essa resposta. Sendo assim, a simples modificação de uma resposta não garante a alteração do padrão funcional instalado e nem a funcionalidade do novo repertório em seu contexto ambiental.

Dessa forma, para a realização do trabalho de Acompanhante Terapêutico com eficácia, necessita-se de uma equipe trabalhando em conjunto, no qual vários outros profissionais formem uma rede de serviços multidisciplinares, que atenda todas as demandas necessárias. Afetando diretamente a qualidade de vida e o bem-estar do cliente, para que os comportamentos aprendidos sejam generalizados em vários ambientes e pessoas, afirmando que o comportamento é constante e não único.

Referências
LIC, M. L. F.; BUSTOS, N. G. *Código de ética.* Asociación acompañantes terapêuticos de La república Argentina (AATRA). Buenos Aires, 2010. Disponível em: <http://www.aatra.org.ar/cod_etica.html> Acesso em: 12 de out. de 2019.
PITIÁ, A. C. A. *Acompanhamento terapêutico e ação interdisciplinar na atenção psicossocial.* Universidade de São Paulo, Ribeirão Preto, 2013. Disponível em: <http://www.scielo.br/pdf/psoc/v25nspe2/v25nspe2a10.pdf>. Acesso em: 15 de out. de 2019.
MARCO, M. N. C.; Calais, S.L. Acompanhante terapêutico: caracterização da prática profissional na perspectiva da análise do comportamento. *Revista Brasileira de Terapia Comportamental e Cognitiva.* Vol.XIV, n.3, 2012, pp.4-33. Disponível em: <http://pepsic.bvsalud.org/scielo.php?script=sci_arttext&pid=S1517-55452012000300002>. Acesso em: 15 de out. de 2019.
MAUER, S. K.; RESNIZKY, S. *Acompanhantes Terapêuticos: atualização teórico- clínica.* Buenos Aires: Letra Viva, 2008.
SIMÕES, C. H. *A produção científica sobre o acompanhamento terapêutico no Brasil de 1960 a 2003: uma análise crítica.* 157 f. Dissertação (Mestrado em Enfermagem e Trabalho) – Universidade Estadual de Campinas – Faculdade de Ciências Médicas, Campinas, 2005. Disponível em <http://repositorio.unicamp.br/bitstream/REPOSIP/311089/1/Simoes_CristianeHelenaDias_M.pdf>. Acesso em: 10 de out. de 2019.
ZAMIGNANI, D. R. O trabalho do acompanhante terapêutico: a prática de um analista do comportamento. *Revista Biociências.* Taubaté, v.1, n.3, pp.77-90.
ZAMIGNANI, D. R.; BANACO, R. A.; WIELENSKA, R. C. (2007a). *O mundo como setting clínico do analista do comportamento.* In: ZAMIGNANI, D. R.; KOVAC, R.; VERMES, J. S. (Orgs.). A clínica de portas abertas: experiências e fundamentação do acompanhamento terapêutico e da prática clínica em ambiente extraconsultório. Santo André: ESETec, 2007, pp. 21-29.
ZAMIGNANI, D. R.; KOVAC, R.; VERMES, J. S. *A clínica de portas abertas: experiências e fundamentação do acompanhamento terapêutico e da prática clínica em ambiente extraconsultório.* Santo André: ESETec, 2007b.
ZAMIGNANI, D. R.; WIELENSKA, R. C. *Redefinindo o papel do acompanhamento terapêutico.* In: KERBAUY, R. R.; WIELENSKA, R. C. (Orgs.). *Sobre comportamento e cognição.* Santo André: ARBytes Editora, 1999, pp.157-165.

Capítulo 17

Alfabetizar crianças com TEA: um trabalho possível

Renata Rocha

Alfabetizar é um processo de inserção das crianças no mundo letrado, que envolve escolhas adequadas que facilitem o aprendizado. Assim, tenho o objetivo de auxiliar os profissionais envolvidos nesse processo das crianças com TEA, para que possam elaborar estratégias de ensino que valorizem os interesses dessas crianças e a forma com a qual se comunicam.

Renata Rocha

Psicóloga (FFCLG), pedagoga (FAPI), especialista em Psicopedagogia e Alfabetização (UNICID). Capacitação Avançada em ABA pelo Núcleo Tatiana Serra (aluna/monitora), coordenadora do Curso de Capacitação Avançada em ABA do Núcleo Tatiana Serra. Atuou no Núcleo de Apoio e Acompanhamento para a Aprendizagem-NAAPA como psicopedagoga, lidando com situações que envolvem a aprendizagem e vulnerabilidade social, participando também de momentos de formação para os educadores. Professora há 22 anos. Realiza palestras e formação de professores e orientação de pais. Aplicadora ABA e supervisora em Psicopedagogia.

Contatos
www.renatarochapsico.com.br
psicorrocha@gmail.com
Instagram: @psico.renatarocha
(11) 98804-6045

Renata Rocha

Atualmente encontramos um grande número de crianças diagnosticadas com TEA (Transtorno do Espectro Autista), que chegam às instituições de ensino onde, na maioria das vezes, nos deparamos com profissionais despreparados, devido a uma total desatenção para com as suas formações.

Geralmente as instituições educacionais recebem crianças com dificuldades em se relacionar, para se adaptar às mudanças, e acabam encarando isso como problema de disciplina, o quadro se agrava quando as características são de um autista com baixo comprometimento.

"Os profissionais da educação não são preparados para lidar com crianças autistas e a escassez de bibliografias apropriadas dificulta o acesso à informação na área" (Santos, 2008, p.9).

Para um bom trabalho no ambiente escolar, é necessário saber como as crianças com TEA se comunicam com os outros, os seus interesses, qual a forma de aprender, assim já daremos o primeiro passo rumo ao entendimento relativo ao processo de desenvolvimento e aprendizagem, conseguindo elaborar estratégias que culminem na alfabetização.

Antes de prosseguir, devemos entender o que é a alfabetização e o que esse processo envolve.

Alfabetizar refere-se ao aprendizado da leitura e da escrita, com um começo, um meio e um fim, devendo acontecer com mediação direcionada por um conjunto de habilidades básicas que possibilitam a compreensão do ambiente e das formas de representação da linguagem, além de ser essencial para que o sujeito consiga interagir em sociedade.

Para a evolução do processo de alfabetização, é necessário que as habilidades consideradas básicas sejam desenvolvidas a fim de atingir um estágio de prontidão.

E quais seriam essas habilidades? Se pensarmos em uma escada evolutiva rumo à alfabetização, tais habilidades seriam ilustradas como na imagem a seguir.

EVOLUÇÃO DAS HABILIDADES BÁSICAS RUMO À ALFABETIZAÇÃO

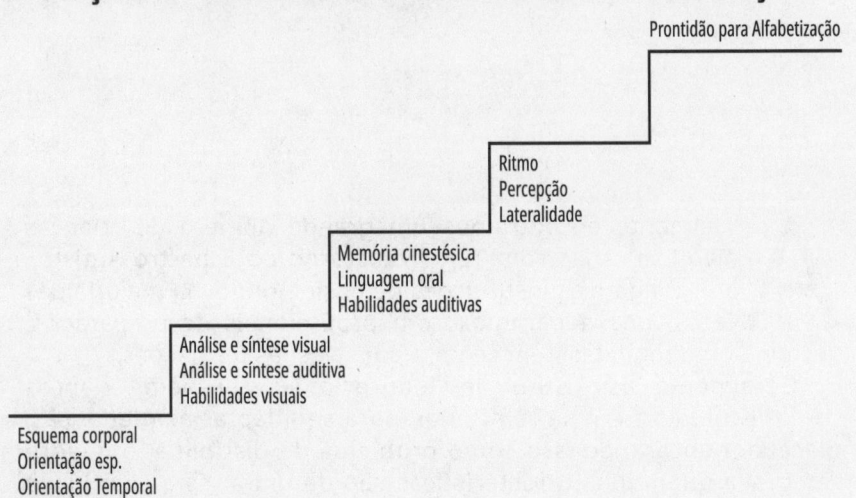

Prontidão para Alfabetização

Ritmo
Percepção
Lateralidade

Memória cinestésica
Linguagem oral
Habilidades auditivas

Análise e síntese visual
Análise e síntese auditiva
Habilidades visuais

Esquema corporal
Orientação esp.
Orientação Temporal
Coord. Motora

Com o desenvolvimento das habilidades representadas na imagem, damos mais um passo rumo à alfabetização, pois a prontidão para tal já estará consolidada.

Propostas educacionais para a alfabetização de crianças com TEA

O trabalho com crianças com TEA deve ser bem planejado, levando sobretudo em consideração as características individuais de cada criança, seu potencial e interesse, dando atenção para a forma que se comporta, respeitando o seu ritmo.

"O conteúdo do programa de uma criança autista deve estar de acordo com seu potencial, de acordo com sua idade e de acordo com o seu interesse" (Peeters,1998).

Antes de elaborar qualquer planejamento direcionado a essas crianças, o educador deve entender o que é o autismo e tudo o que o envolve, posteriormente observar e atentar-se ao seu aluno, à forma que reage perante as atividades, se apresenta alterações na fala, para manter contato visual, brincar etc. Com essas informações em mãos, passa a ser possível estabelecer metas a se atingir e estratégias para concretizá-las. Para que isso se realize, há necessidade por parte do educador de ter conhecimentos relativos às teorias de desenvolvimento.

"Quando se trabalha com ações pedagógicas para o atendimento com autistas, é necessário que os educadores tenham em mente não só as características que compõem o quadro de autismo, mas práticas que sejam embasadas em teorias de desenvolvimento e da aprendizagem" (Chaves, 2001, p.14).

Após estudos e observações, inicia-se a elaboração do planejamento com estratégias para o desenvolvimento das atividades a serem propostas.

Nessa etapa é necessário pensar em ações que poderão facilitar o relacionamento entre o professor e a criança com TEA, por exemplo: ensinar coisas funcionais; a interação com objetos e com situações do meio deve se realizar em conjunto com os trabalhos que envolvem a socialização e os cuidados pessoais; explorar recursos visuais, algumas instruções verbais devem ser acompanhadas de uma imagem de suporte; dar continuidade ao ensino (repetições são necessárias); reforçar com elogios, sempre que surgir um progresso, destacando as potencialidades frente às dificuldades; proporcione ajuda de acordo com a necessidade da criança; incentive a participação, respeitando suas necessidades.

As propostas de trabalho para crianças com TEA devem ser variadas, adequando-se às suas necessidades, respeitando as limitações e sempre sendo motivadoras. O professor, além de mediador, deve ter um olhar cuidadoso para perceber as estratégias que funcionam com seu aluno, essa relação professor-aluno deve transmitir confiança, segurança e amor, fatores que auxiliarão na interação social, resultando em possíveis avanços na aprendizagem.

Para Schwartzman e Assunção Junior (1995), quanto mais significativo para a criança for seu professor, maior será a chance de que se promovam novas aprendizagens, ou seja, independentemente da programação estabelecida, ela só ganhará dimensão educativa quando ocorrer uma interação entre o aluno com TEA e o professor.

O trabalho de alfabetização com crianças autistas é desafiador, pois envolve persistência, paciência, afeto e disposição para ajudar, além de situações em que lidamos com comportamentos inadequados, aos quais devemos tentar nos antecipar, evitar, bloquear e redirecionar, para que não haja prejuízo no aprendizado, auxiliando dessa forma a lidar com as frustrações e erros.

Não há como registrar uma sequência de atividades para o trabalho de alfabetização de uma criança com TEA, pois as mesmas devem ser adaptadas às características de cada criança, porém podemos descrever alguns pontos fundamentais que devem ser considerados no planejamento de atividades e estratégias para o autista. Segundo Gomes (2015), podemos citar oito pontos:

1. Acredite que a pessoa com autismo pode aprender;
2. Conheça bem o seu repertório (compreenda quais são as habilidades, interesses e dificuldades);
3. Planejar o ensino (ter metas e objetivos);

4. Dividir uma habilidade complexa em pequenos pedaços e ensinar um pedaço de cada vez;
5. Planejar atividades que aumentem as chances de acertos e prover ganhos para os acertos;
6. Focar no objetivo final e não nos comportamentos atípicos;
7. Envolver a família;
8. Ser persistente.

Com a utilização desses pontos como norteadores do trabalho, juntamente com as demais informações citadas no decorrer deste capítulo, só me resta dizer que agora o momento é de aplicar o que aprendemos e buscar aprimoramento cada vez mais.

Pensar em metodologias que potencializem o processo de aprendizagem é tarefa que cabe a todos os educadores. Repensar nossa forma de atuar, reconstruir ou adaptar nossos planejamentos e estratégias para atender a uma demanda que necessita ser incluída no sistema educacional é um desafio muito difícil, porém possível. Por isso, ensinar uma criança com TEA é um grande privilégio, pois além de nos propor um desafio imenso, nos coloca para refletir a respeito de desenvolvimento e até mesmo da competência profissional.

Diante das informações coletadas em pesquisas bibliográficas e na minha experiência como educadora e alfabetizadora, concluo que a alfabetização de crianças com TEA é um trabalho possível, desde que acreditemos que essas crianças têm potencial para aprender, que é necessário ser claro e pontual nas orientações dadas a elas e, acima de tudo, temos que lhes ensinar sempre algo funcional, ligado diretamente ao que lhes desperta interesse.

No desenrolar deste capítulo, apresentei informações que poderão auxiliar aqueles educadores que de uma hora para outra recebem crianças com o laudo de TEA. Espero aguçar o interesse para que se aprofundem em seus estudos, encontrando ferramentas que os auxiliem a desenvolver um trabalho que faça a diferença na vida dessas crianças, sem esquecer-se, é claro, de que a participação da família é essencial para atingir o objetivo, pois é ela que permanece a maior parte do tempo com a criança e poderá reforçar o nosso trabalho, ampliando as possibilidades de sucesso.

A tríade escola/família/profissional competente e especializado é fator fundamental para a verdadeira inserção dessas crianças no mundo letrado.

Referências
ASSUMPÇÃO, F. B.; Junior, SCWARTZMAN; José Salomão. *Autismo infantil.* São Paulo: Mennon, 1995.
BORALLI, E. R. *Autismo: das questões teóricas à prática – curso de curta duração*, ministrado em 2007.
CHAVES, Sandra Isabel. *A educação especial na perspectiva da inclusão escolar: Transtorno Global do Desenvolvimento – Autismo.* Trabalho de Conclusão de Curso (monografia). Formação Continuada de Professores para o Atendimento Educacional Especializado para obtenção do título de especialista em atendimento educacional especializado. Faculdade de Educação da Universidade Federal do Ceará, 2011.
COLL, C.; GILLIERON C. *Jean Piaget: o desenvolvimento da inteligência e a construção do pensamento racional.* In: LEITE, L. B. (org.). Piaget e a escola de Genebra. São Paulo: Editora Cortez, 1987.
DSM-V: *Manual Diagnóstico e Estatístico de Transtornos Mentais.* 5.ed. Porto Alegre: Editora Artes Médicas, 2014.
FREITAS, M.T.A. *De Vygotsky e Bakhtin: psicologia e educação, um intertexto.* São Paulo: Editora Ática, 2000.
GOMES, C. G. S. *Autismo e ensino de habilidades acadêmicas: adição e subtração.* IV Colóquio Internacional de Educação e Contemporaneidade. Laranjeiras, São Paulo, 2007.
GOMES, C. G. S. *Ensino de leitura para pessoas com autismo.* Curitiba: Editora Appris, 2015.
MELLO, Ana Maria S. R. *Autismo: guia prático.* 7.ed. São Paulo: Editora AMA, 2007.
ORGANIZAÇÃO MUNDIAL DA SAÚDE. *CID-10: classificação de transtornos mentais e de comportamentos da CID-10.* Genebra: Editora Artes Médicas, Porto Alegre, 2000.
PEETERS, Theo. *Autismo: entendimento teórico e intervenção educacional.* Rio de Janeiro: Editora Cultura Médica,1998.
SANTOS, Ana Maria Tarcitano dos. *Autismo: desafio na alfabetização e no convívio escolar.* CRDA, São Paulo, 2008.
WHITMAN, Thomas L. O. *Desenvolvimento do autismo.* São Paulo: Editora M Books, 2015.

Capítulo 18

Inclusão: do ideal ao real

Alessandra Lautenschläger Nogueira

Muito se fala sobre inclusão escolar e social. Questionam-se as leis, as estratégias e as formas para fomentá-la e implementá-la. A sociedade manifesta-se a favor da inclusão, as famílias almejam-na e as escolas têm tentado realizá-la. Já temos exemplos positivos que motivam e fazem manter acesa a esperança de promover a inclusão!

Alessandra Lautenschläger Nogueira

Educadora, com 25 anos de experiência, sendo 20 como professora e dez anos em atendimento clínico. Graduada em Direito pela USP e em Letras pela UBC, especialista em Língua Portuguesa pela PUC, Psicopedagogia, Neuroaprendizagem, Psicomotricidade e Transtornos do Aprender pelo Instituto Saber, especialização em Educação Especial pela Faculdade Gama Filho, aplicadora do Programa de Enriquecimento Instrumental – PEI 1 pelo The Feuerstein Institute, em Jerusalém, especialização em Análise do Comportamento Aplicada ao Autismo e Deficiência Intelectual pelo CBI of Miami (em curso) e Fundadora da Thélos Clínica Multidisciplinar, em Mogi das Cruzes.

Contatos
www.thelosmogi.com.br
alessandra@thelosmogi.com.br
(11) 94019-2637

Alessandra Lautenschläger Nogueira

Discorrer a respeito da inclusão social ou escolar é sempre um risco, pois facilmente podemos cair na vala comum dos discursos retóricos e vazios, que repetem o muito que já foi dito e pouco que já foi feito.

As dificuldades em transformar a escola, e por via de consequência a sociedade, em um lugar para a multiplicidade de identidades existentes, apesar da lei e das garantias supralegais registradas em documentos internacionais.

Esse é o primeiro grande obstáculo à efetivação da inclusão escolar: o desconhecimento das leis por parte dos familiares das crianças com necessidades especiais, dos familiares das crianças típicas, dos agentes educacionais e dos especialistas, enfim, o desconhecimento da legislação pela sociedade como um todo.

Há mais de 30 anos, vários documentos determinam expressamente a necessidade de inclusão escolar, não só de pessoas com necessidades especiais, mas de todas aquelas que por quaisquer motivos (inclusive dificuldades de aprendizagem, identidade de gênero, cor da pele, condição social e superdotação) estejam excluídas – explícita ou implicitamente – do sistema educacional.

Para iniciar nosso raciocínio, vamos analisar um pouco da vasta legislação a respeito do assunto. A Constituição Federal de 1988, que é o alicerce de todo o ordenamento jurídico. Essa Carta Magna, não à toa denominada "Constituição Cidadã", determina, em seu artigo 205, a educação como um direito de todos, garantido o pleno desenvolvimento da pessoa, o exercício da cidadania e a qualificação para o trabalho; no artigo seguinte, 206, inciso I, estabelece a "igualdade de condições de acesso e permanência na escola" como um dos princípios para o ensino e garante, no artigo 208, como dever do Estado, a oferta do atendimento educacional especializado, preferencialmente em rede regular de ensino.

A atual Lei de Diretrizes e Bases da Educação Nacional de 1996 estabeleceu a educação como um direito de todos, desse modo as pessoas com necessidades educacionais especiais devem ter atendimento educacional preferencialmente na rede regular de ensino. Em seu artigo 59, a LDB prevê que os sistemas de ensino devem assegurar aos alunos currículo, métodos, recursos e organização específicos para atender às suas necessidades; assegura terminalidade específica àqueles que não atingiram o nível exigido para a conclusão do ensino fundamental, em virtude de suas deficiências; aceleração de estudos aos superdotados para conclusão do programa escolar. Também define "[...] oportunidades educacionais apropriadas, consideradas as características do aluno, seus interesses, condições de vida e de trabalho, mediante cursos e exames" (art. 37).

Além desses, muitos outros instrumentos legais foram promulgados no intuito de consolidar o ideal da universalização educacional e assim torná-la uma realidade.

Ratifica-se à afirmação que a legislação é vasta, composta por leis, decretos e portarias, que juntas formam um escopo legal sólido e bastante específico sobre a inclusão escolar (seja quanto à formação de professores, à acessibilidade física, às questões relativas aos cegos, aos surdos etc.), garantindo o acesso e a permanência no ensino regular e o atendimento às necessidades especiais dos alunos, fortalecendo o ideal de inclusão educacional.

Por outro lado, a sociedade, em seu senso comum e discurso oficial, também é a favor do acesso universal à educação, à inclusão, contrapõe-se à segregação e, por isso, poucos manifestam-se contra a inclusão, mas deixam de agir no sentido de efetivá-la.

De acordo com os dados divulgados pelo MEC, o índice de inclusão de pessoas com deficiência em classes regulares era de 90,9% em 2017. A maior parte dos alunos com deficiência, no entanto, não tem acesso ao atendimento educacional especializado. Somente 40,1% conseguem utilizar o serviço.

Mesmo com o aumento no número de matrículas, a estrutura e o plano de ensino das instituições ainda não contemplam as singularidades dos alunos. Mas por que a inclusão escolar não ocorre de maneira integral em nossas instituições? O que está impedindo a aplicação da lei e a efetivação da inserção de todos no ambiente escolar?

Paralelamente ao desconhecimento da lei, outro obstáculo à inclusão é a necessidade de mudança de paradigma que essa nova visão exige. A escola está consolidada em um padrão de "normalidade" a partir do qual todos são "avaliados" e que estabelece pontos de chegada inflexíveis que todos devem alcançar.

Alicerçada na ideia de "normal X diferente", o sistema educacional e muitos de seus agentes ainda enxergam os alunos que não se encaixam no padrão como verdadeiros intrusos, que distorcem o sistema de aprendizagem e, portanto, devem ser excluídos.

Esses alunos fora do padrão não se resumem aos alunos portadores de necessidades especiais, alunos com modelos de aprendizagem diversos ou com comportamentos pouco convencionais, também não se enquadram ao perfil do "estudante modelo" que a maior parte do sistema procura.

A questão do laudo médico muitas vezes é "um desestimulador da aprendizagem"; ainda há escolas que entendem o diagnóstico médico ou a condição de ser portador de necessidade especial apenas como uma garantia de que não haverá "repetência de ano", sem se preocupar com o desenvolvimento da criança ou jovem.

Assim, a organização binária "normal X especial" deve ser substituída por ambientes escolares que aceitem a concepção múltipla de personalidade, sem enfatizar a diferença como algo impossível de lidar, mas, ao contrário, que tenham um olhar positivo sobre o não homogêneo, aceitando o transitório, instável e inacabado.

Como afirma o pesquisador australiano Roger Slee, referência internacional sobre educação inclusiva, é preciso implementar a ideia de escola irregular, porque a nossa escola não está preparada em termos de estrutura, em termos de currículo, de avaliação e de materiais.

A mudança de paradigma deve estar fundamentada em uma profunda análise do que deve ser "ensinado" e "de como deve ser ensinado". É preciso refletir sobre "como as crianças aprendem", "por que algumas não aprendem", "qual estratégia é válida para promover a aprendizagem de todos os alunos", a "necessidade de adaptação do material do aluno de inclusão" ou a "possibilidade de desenvolver um material a partir do qual todos possam aprender a seu modo e dentro das suas condições".

Hoje, há muitas escolas diversificando seus programas, criando rotas alternativas para inclusão, mas que no final visam o mesmo resultado; ou seja, o parâmetro da "normalidade" não foi superado, pois os alunos estão juntos, mas não estão interagindo, não estão compartilhando seu processo de aprendizagem.

É verdade que já avançamos e há ótimos exemplos de inclusão escolar, o número de alunos com Transtorno do Espectro Autista (TEA) que estão matriculados em classes comuns no Brasil aumentou 37,27% em um ano. Em 2017, 77.102 crianças e adolescentes com autismo estudavam na mesma sala que pessoas sem deficiência. Esse índice subiu para 105.842 alunos em 2018.

Porém, estamos no início do processo, há muito a ser feito. Os alunos não devem apenas "estar na sala de aula", eles precisam estar envolvidos nas atividades e interagindo com os colegas. Assim, além do conhecimento das leis e da mudança de paradigma, é fundamental que todos os profissionais envolvidos na educação compreendam o processo de aprendizagem e a influência determinante que o ambiente exerce nesse processo.

O foco não pode ser o conteúdo, mas sim o desenvolvimento das habilidades cognitivas e comportamentais necessárias à aprendizagem. Estimuladas e direcionadas essas habilidades, desenvolver-se-á a autonomia necessária para compreensão e assimilação dos conteúdos básicos.

O ponto de partida é conhecer os cinco pilares da Educação Inclusiva, que são:

1. Toda pessoa tem o direito de acesso à educação.
2. Toda pessoa aprende.
3. O processo de aprendizagem de cada pessoa é singular.
4. O convívio no ambiente escolar comum beneficia todos.
5. A educação inclusiva diz respeito a todos.

A escola deve elaborar um Plano Educacional Inclusivo todos os anos, deve identificar o número de alunos matriculados em cada ano e sala, identificar as singularidades de cada um, seus potenciais e déficits, nos casos necessários, a escola deve aliar suas informações às dos profissionais especializados que trabalham com a criança, tanto no ambiente institucional quanto no ambiente clínico e, a partir daí, realizar o planejamento de conteúdo, estratégias e materiais.

É preciso abandonar a ideia de que há uma receita pronta para trabalhar com os alunos com necessidades especiais ou qualquer outra atipicidade.

A ideia de que há um saber pronto para trabalhar com as singularidades dos alunos é um mito que deve ser superado. Os professores das escolas regulares não devem temer não serem capazes de promover a aprendizagem dos alunos com necessidades.

Não há como generalizar as pessoas, nem prever quais serão os recursos pedagógicos para trabalhar com elas, baseado em seus diagnósticos. Os professores devem adotar uma prática mais customizada e flexível, além de estabelecer parcerias com o professor do Atendimento Educacional Especializado (AEE) ou da sala de recursos e com os especialistas que atendem à criança em ambientes clínicos, de modo que possam abordar um mesmo assunto de formas diferentes, utilizando diferentes materiais.

A mesma particularidade deve ser aplicada quanto à decisão da frequência ou não na sala de recursos; o AEE deve ser feito de modo criterioso e fundamentado nas reais necessidades do indivíduo e não na terminologia de seu transtorno, síndrome ou deficiência.

A necessidade de um Acompanhante Terapêutico (A.T.) deve acompanhar o mesmo raciocínio, em casos que promovam benefícios para o processo de inclusão e aprendizagem do indivíduo é que a atuação desse profissional deve ocorrer, sempre considerando o desenvolvimento do aluno. A decisão também deve ser tomada em conjunto pela escola, família e especialistas e reavaliada continuamente.

No caso específico do TEA, além do que já foi mencionado, é importante que a escola possua um ambiente estruturado, que todos os agentes escolares, em especial os professores, tenham conhecimentos básicos sobre as especificidades de comunicação e interação desses alunos, sua restrição de interesses não deve ser vista como negativa, mas como potencial de aprendizagem, pois esse interesse deve ser utilizado com ponte de acesso à aprendizagem.

A questão do pensamento concreto de muitos indivíduos do TEA também não é impedimento ao aprender; o ideal é utilizar essa característica para escolher materiais ou recursos que promovam a compreensão de conceitos abstratos, a partir de materiais concretos, multimídias ou outros recursos específicos para cada assunto.

Há sim muitos exemplos de escolas inclusivas bem-sucedidas, não devemos desistir ou nos contentar com a inclusão "faz-de-conta", em que o aluno só permanece na escola, mas dela não faz parte. Eu mesma poderia ilustrar com exemplos reais, mas por questões éticas não posso.

Por fim, o que não devemos deixar de considerar é que a inclusão escolar é a porta de acesso para a inclusão social, e que sem ambas não há uma sociedade realmente justa e democrática. Além disso, ao entrar em contato com a multiplicidade de seres e suas singularidades, todos somos beneficiados e potencializamos nossas habilidades de convivência e respeito.

Referências

CORTELLA, M. S. *A escola e o conhecimento: fundamentos epistemológicos e políticos*. 12. ed. rev. e ampl. São Paulo: Cortez, 2008.

FÁVERO, E. A. G; RAMOS, A. C. *Considerações sobre os direitos das pessoas com deficiência. Apostila*. São Paulo: Escola Superior do Ministério Público da União, 2002.

FREIRE, P. *Pedagogia do oprimido*. São Paulo: Paz e Terra, 1978.

_____. *Pedagogia da autonomia*. 42ª reimpressão. São Paulo: Paz e Terra, 2010.

GARCIA. R. L.; MOREIRA, A. F.B. (orgs.). *Currículo na contemporaneidade: incertezas e desafios*. 3. ed. São Paulo: Cortez, 2008.

MANTOAN, M.T. E. *Caminhos pedagógicos da inclusão*. São Paulo: Memnon, 2001.

_____. *Inclusão escolar: O que é? Por quê? Como fazer?* São Paulo: Summus, 2015.

MARCHESI, A. Tradução de Ernani Rosa. *O que será de nós os maus alunos*. Porto Alegre: Artmed, 2006.

PERRENOUD, P. Tradução de Fátima Murad. *Escola e cidadania: o papel da escola na formação para a democracia*. Porto Alegre: Artmed, 2005.

SLEE, R. *La escuela extraordinária: exclusión, escolarización y educacion inclusiva*. Madrid: Ediciones Morata, 2012.

Capítulo 19

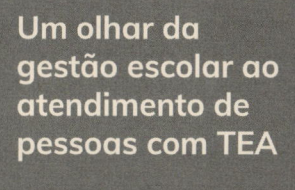

Um olhar da gestão escolar ao atendimento de pessoas com TEA

Silvana Borella

Ser gestor escolar não é apenas se ater a trabalhos burocráticos e administrar uma instituição de ensino. É conhecer sua clientela, é saber o que se passa no "chão" da escola. É conhecer seus alunos, suas famílias, seus profissionais e toda a comunidade escolar. Em se tratando de alunos com autismo, de escolas especiais, essa parceria e a cumplicidade é ainda maior entre todos os atores. É preciso acreditar sempre que o mais simples avanço é o começo de grandes conquistas.

Silvana Borella

Graduada em Psicologia (Bacharelado e Licenciatura) e Pedagogia (Administração Escolar) pela Universidade de Guarulhos (UNG), pós-graduada em Distúrbios de Aprendizagem pelo CRDA (Centro de Referência em Distúrbios de Aprendizagem) e pós-graduada em Neuroeducação pelo Instituto de Pesquisa em Neuroeducação. Atuou como professora na Pós-Graduação em Neuroeducação do Instituto de Neuroeducação (disciplina Neurociência da Aprendizagem). Diretora e mantenedora do Colégio Integrar de Educação Especializada e Ensino Regular.

Contatos
diretoriageral@colegiointegrar.com.br
(11) 99943-8033

Silvana Borella

Historicamente, temos um cenário de pessoas com necessidades especiais excluídas do ambiente escolar. Na década de 1920 e, com mais intensidade, a partir de 1950, familiares de pessoas com alguma deficiência começaram a buscar para seus entes não apenas formas de inclusão social, mas de reconhecimento de que essas pessoas "especiais" também eram cidadãs e que necessitavam de atendimento social, clínico-terapêutico e educacional.

Em nosso país, na Constituição Federal de 1988, vimos pela primeira vez, em um documento oficial, um olhar para essas pessoas, mas foi apenas na LDB (Lei de Diretrizes e Bases) de 1996 que tivemos um capítulo específico voltado para a Educação Especial. Somente em 2015, com a Lei Brasileira de Inclusão (LBI), diretrizes mais específicas foram explicitadas, porém não garantiram até a elaboração deste texto a igualdade e a equidade das pessoas com deficiências em nosso país.

Como gestores escolares, nos deparamos a cada dia com o desafio de atender esse grupo minoritário nas nossas escolas, uma vez que a própria comunidade escolar promovia e ainda promove a segregação desse grupo.

Aqui, vale destacar que em nossa trajetória no atendimento de pessoas com necessidades especiais, especificamente aos alunos com TEA, muito antes das leis e de um certo "modismo", nossas escolas já realizavam atendimento especializado e diferenciado a esses alunos. Muito antes de se falar em um Plano Educacional Individualizado (PEI), já fazíamos adaptações curriculares para garantir o aprendizado de nossas crianças e adolescentes "especiais", dávamos condições de formação especializada a nossa equipe pedagógica e insistíamos no convívio social entre os pares.

Com o passar dos anos, encaramos esses desafios, tais como o preconceito sobre a condição de diferença desses alunos, o medo dessa "diferença" ser contagiosa, a instalação de "manias e tiques", ou seja, ver no outro a possibilidade de ser diferente de si mesmo é para uma sociedade tão cheia de mitos e valores equivocados sobre o padrão de normalidade, enxergar com pânico a diferença nos seus pares, ou seja, ter a comprovação de que "ninguém é igual a ninguém".

"Os sistemas escolares relutam muito em mudar de direção porque também estão organizados em um pensamento que recorta a realidade, que permite dividir alunos em normais e com deficiência, as modalidades de ensino em regular e especial, os professores em especialistas nesse e naquele assunto. A lógica dessa organização é marcada por uma visão determinista, mecanicista, formalista, reducionista, própria do pensamento científico moderno, que ignora o subjetivo, o afetivo, o criador – sem os quais é difícil romper com o velho modelo escolar e produzir a reviravolta que a inclusão impõe." (Mantoan, 2015)

Administrar esses conflitos entre a comunidade escolar não é uma tarefa fácil para o gestor, que enfrenta diariamente com superação inúmeras dificuldades, tendo que dar voz a todos os seus alunos, sejam eles especiais ou não. Cabe ao gestor escolar promover atividades de conscientização para a aceitação e respeito às diferenças existentes no ambiente escolar como um todo (alunos, pais, funcionários, professores, coordenadores e gestores).

A escola especializada, ou especial, como é mais conhecida, não é diferente em sua essência de uma escola regular. Apenas temos um olhar diferenciado para a educação de fato inclusiva. Enquanto a escola que conhecemos está presa a conteúdos, avaliações quantitativas e com foco essencialmente no vestibular, a escola especial tenta efetivamente formar cidadãos para conviverem com seus pares, focando o respeito, a solidariedade, a dignidade e a cidadania.

Ao contrário do que muitos pensam, as escolas especiais não são "segregadoras", mas sim entendem e respeitam as diferenças entre os seres humanos. Trazem à tona as reais habilidades e competências de seus alunos, estimulando-os incansavelmente em todos os aspectos, contando com equipe multidisciplinar capacitada para atender às necessidades cognitivas, sociais e emocionais de sua clientela e, acima de tudo, sabem valorizar as suas "pequenas" conquistas.

Por isso, além do atendimento direto aos nossos alunos, precisamos acolher com sensibilidade e humanidade as suas famílias. Esse acolhimento é essencial para o desenvolvimento do trabalho frente aos alunos, pois os relatos que ouvimos desde a entrevista inicial com os responsáveis pela criança ou jovem autista são de luta constante, inúmeras portas fechadas, desrespeito e até situações humilhantes. Um exemplo que trazemos de falas dessas famílias é: "...esta criança não tem nada de anormal, apenas precisa de mais educação dos pais, isso é birra, 'ele' não tem cara de gente doente, seu filho não pode viver em sociedade...", dentre outras falas preconceituosas.

Quando uma família chega até uma escola de educação especial, em quase todos os casos, os relatos são de que já houve a tentativa de a criança frequentar uma escola da rede regular de ensino, seja ela pública ou particular, porém a partir do momento em que a criança ou adolescente tem uma crise de irritabilidade, tanto a equipe gestora como os profissionais que lidam diretamente com o aluno chamam a família, alegando não ter condições estruturais nem profissionais capacitados para atender às demandas do aluno.

A partir daí, começam outras "batalhas" como: pedido para que um membro da família ou até um monitor, mais conhecido como atendente terapêutico, ou mesmo um estagiário acompanhe o educando no período em que estiver na escola, redução da carga horária, privações de participação de eventos coletivos da instituição, sugestões de procurar auxílio médico para que o educando seja medicado e possa manter-se "controlado", enfim, o afastamento do convívio entre os pares.

Nesses momentos é que fica mais evidente o papel diferenciado de uma equipe gestora da Educação Especial. Em vez de chamar os pais ou responsáveis à escola como maneira de resolver uma questão ou até mesmo se ver livre do problema criado, contamos com profissionais treinados para lidar com essas intercorrências, seguindo protocolos de segurança eficazes que permitem que a criança ou adolescente volte ao seu eixo, para um estado de calma e tranquilidade.

É claro que essa não é uma tarefa simples, mas a formação de profissionais capacitados em aplicar técnicas específicas, como ABA, TEACH, métodos de comunicação suplementar alternativa (exemplo: PECS), planos educacionais individuais e um ambiente físico favorável permitem que o autista seja atendido de forma mais adequada.

Sabemos da importância de inserir as pessoas com transtorno do espectro autista na sociedade, no convívio com seus pares, que possam frequentar escolas regulares de ensino e até se tornem cidadãos economicamente ativos, porém ainda se fazem necessárias instituições de ensino especializadas com atendimento adequado desse grupo que possam atender efetivamente a parcela de autistas que não conseguem conviver no grupo "regular". São pessoas totalmente excluídas que necessitam de espaços de convivência e formação acadêmica adaptadas às suas reais necessidades.

São essas instituições especializadas que têm qualificação técnica e pedagógica atualmente para atender esse grupo que cresce mais cada vez nas estatísticas mundiais. São essas escolas que hoje conseguem garantir o direito à educação previsto em nossa Constituição, tentando oferecer o mínimo de igualdade, equidade e dignidade às pessoas com autismo e às suas famílias.

Vale destacar que as escolas especiais não têm a pretensão de permanecer eternamente com esses alunos, até porque as leis da educação básica em nosso país preveem a conclusão dos ensinos fundamental e médio até os 17/18 anos de idade, porém sabemos que esse prazo mínimo nem sempre é possível de se cumprir quando falamos de pessoas com TEA. Muitos são os pré-requisitos a serem cumpridos para que de fato haja a conclusão do ensino básico. Nosso objetivo maior é preencher as lacunas de ensino-aprendizagem que esses alunos apresentam, formando uma base sólida de apropriação e conhecimento dos conteúdos mínimos necessários.

Não existe nada mais gratificante para os membros da equipe gestora de uma escola especial do que chamar os pais ou responsáveis por um aluno com autismo e dizer que seu(sua) filho(a) está apto a ingressar em uma escola regular e seguir em frente. É a sensação de dever cumprido, que a missão dada foi cumprida e, sim, é possível conviver e respeitar as diferenças de todos os seres humanos.

É a vida seguindo adiante e dando oportunidades para que todos mostrem suas competências e habilidades.

Referências
AZANHA, José Mário Pires. *Uma ideia de pesquisa educacional*. São Paulo: Edusp/Fapesp, 1965.
BOBBIO, N.; Matteucci, N; Pasquino, G. *Dicionário de Política*. Brasília, Editora da UnB, 1986.
BORDENAVE, J. E. D. *O que é participação*. 8.ed. São Paulo: Brasiliense, 1994.
BRASIL. *Constituição da República Federativa do Brasil*, publicada em 5 de outubro de 1988.
_____. *Lei de Apoio às Pessoas Portadoras de Deficiência*. Lei nº 7.853, de 24 de outubro de 1989.
_____. *Estatuto da Criança e do Adolescente – ECA*, publicado em 13 de julho de 1990.
_____. *Lei de Diretrizes e Bases da Educação Nacional – LDBEN*. Lei Federal nº 9.394, de 20 de dezembro de 1996.
_____. *Lei que estabelece normas gerais e critérios básicos para a promoção da acessibilidade das pessoas portadoras de deficiência ou com mobilidade reduzida, e dá outras providências*. Lei nº 10.098, de 19 de dezembro de 2000.
_____. *Decreto nº 6.949, de 25 de agosto de 2009*, que promulga a Convenção Internacional sobre os Direitos das Pessoas com Deficiência e seu Protocolo Facultativo, assinados em Nova York, em 30 de março de 2007.
_____. *Lei dos Direitos da Pessoa com Transtorno do Espectro Autista (Lei Berenice Piana)* – Lei Federal nº12.764 de 27 de dezembro de 2012.
_____. *Lei Brasileira de Inclusão da Pessoa com Deficiência* – Lei Federal nº 13.146 de 6 de julho de 2015.
_____. *Projeto de Lei da Câmara nº 139 de 2018* (em tramitação).
_____. *Projeto de Lei do Senado nº 169 de 2018* (em tramitação).
_____. *Fundo de Manutenção e Desenvolvimento da Educação Básica* (FUNDEB).
_____. *Plano Nacional de Educação 2014-2024* – Lei nº 13.005 de 25 de junho de 2014. Disponível em: <http://pne.mec.gov.br/18-planossubnacionais-de-educacao/543-plano-nacional-de-educacao>. Acesso em: 27 de mar. de 2020.
LIBÂNEO, José Carlos; OLIVEIRA, João Ferreira de; TOSCHI, Mirza Seabra. *Educação Escolar: políticas, estrutura e organização*. Editora Cortez, São Paulo, 2018.
MANTOAN, Maria Teresa Eglér. *Inclusão Escolar: O que é? Por quê? Como fazer?* São Paulo: Summus, 2015.
MEC. *Programa Escola Acessível*. Disponível em: <http://portal.mec.gov.br/expansao-da-rede-federal/194-secretarias-112877938/secad-educacao-continuada-223369541/17428-programa-escola-acessivel-novo>. Acesso em: 27 de mar. de 2020.
PEREIRA, Gorete. *Da escola que temos à escola que queremos*. Universidade da Madeira. Disponível em: <https://digituma.uma.pt/bitstream/10400.13/1829/1/Da%20escola%20que%20temos%20%C3%A0%20escola%20que%20queremos%20.pdf>. Acesso em: 27 de mar. de 2020.
TARDIF, M. *Saberes docentes e formação profissional*. Petrópolis: Editora Vozes, 2002.
VIEIRA, Sofia Lerche. *Educação básica: política e gestão da escola*. Fortaleza: Liber Livro, 2008.
PAULA, CS; RIBEIRO, SH; FOMBONNE, E. et al. J Autism Dev Disord, 2011, 41: 1738. Disponível em: <https://doi.org/10.1007/s10803-011-1200-6/>. *Revista Autismo e Distúrbios do Desenvolvimento*, dezembro de 2011, edição 12. Acesso em: 27 de mar. de 2020.

Capítulo 20

O autista e seus direitos

Janaína de Souza Barreto & Cíntia Marsigli Afonso Costa

O presente artigo visa apresentar um olhar sob a perspectiva jurídica do Transtorno do Espectro Autista (TEA), iniciando com um panorama geral sobre o transtorno e as suas condições no ordenamento jurídico brasileiro, seguindo-se de uma análise dos principais direitos da pessoa com TEA.

Janaína de Souza Barreto

Advogada formada pela UNIP em 2004, atuando há 15 anos, tanto na área contenciosa como consultiva. Especialista em Direito Empresarial com extensão em Direito Societário, Direito do Consumidor e Direito das Pessoas com Deficiência. Palestrante. Autora de Artigos Científicos. Membro da Comissão de Direito do Consumidor e de Defesa dos Direitos da Pessoa com Deficiência da OAB/SP - 101ª Subseção do Tatuapé.

Cíntia Marsigli Afonso Costa

Advogada formada pela PUC-SP em 1992, atuando há 25 anos na área da saúde, tanto na área contenciosa como consultiva, nos mais diversos segmentos a ela relacionados. Possui especialização nas áreas do Direito Empresarial, Direito da Família e Direito do Consumidor.

Contatos

Janaína
www.gimenezbarreto.com.br
janaina@gimenezbarreto.com.br
(11) 99554-3800

Cíntia
cintia@marsigliafonso.com.br
(11) 99955-2148

Janaína de Souza Barreto & Cíntia Marsigli Afonso Costa

A Organização Mundial da Saúde (OMS) reconhece que o autismo é um transtorno mental do desenvolvimento que não tem cura, mas que pode ser tratado e reabilitado para adequação ao convívio social e suas atividades, não sendo considerado uma doença.
No Brasil, apenas com o advento da Lei 12.764 de 27 de dezembro de 2012, que instituiu a Política Nacional de Proteção dos Direitos da Pessoa com Transtorno do Espectro Autista, é que o autista passou a ser reconhecido como pessoa com deficiência.

A principal importância do reconhecimento do autista como pessoa com deficiência é a garantia dos direitos não só previstos na Lei 12.764/12, como também os direitos previstos para as pessoas com deficiência, presentes em diversos diplomas normativos, tais como no Estatuto da Pessoa com Deficiência (Lei 13.146/15), na Convenção Internacional sobre os Direitos das Pessoas com Deficiência (Decreto 6.949/09), entre outros. Assim, o autista possui uma ampla proteção, garantindo-se o exercício de seus direitos em igualdade de condições com as demais pessoas, buscando-se a sua plena inclusão na sociedade.

A Lei 12.764/12 prevê, em seu artigo 3º, que a pessoa com Transtorno do Espectro Autista possui direito à vida, à integridade física e moral, ao desenvolvimento da personalidade, à segurança, ao lazer, à proteção contra qualquer forma de abuso ou exploração, acesso a ações e serviços de saúde, o que inclui o diagnóstico precoce, atendimento multidisciplinar, nutrição, medicamentos e informações sobre o diagnóstico e tratamento, acesso à educação e ensino profissionalizante, moradia, inclusive à residência protegida, mercado de trabalho, previdência social e assistência social.

Feita essa breve introdução, vamos passar à análise dos principais direitos garantidos à pessoa com Transtorno do Espectro Autista.

Emissão de documentos

Para que um autista possa exercer seus direitos de forma mais rápida e eficaz, a primeira providência a ser tomada é a regularização de seus documentos.

Por meio de um decreto de fevereiro de 2018, a pessoa com deficiência passou a ter a possibilidade de indicação da deficiência no RG, que no caso do autismo fará uso do mesmo símbolo da deficiência intelectual.

A indicação é um grande avanço e conquista para que todas as pessoas com deficiência possam exercer seus direitos de forma menos burocrática. Além do RG, também é necessário ter regularizado o cadastro único federal e o cartão do SUS.

Direito à educação

Segundo o artigo 205 da Constituição da República Federativa do Brasil, "a educação, direito de todos e dever do Estado e da família, será promovida e incentivada com a colaboração da sociedade, visando o pleno desenvolvimento da pessoa, seu preparo para o exercício da cidadania e a sua qualificação para o trabalho".

O artigo 208, inciso III, prevê que o dever do Estado com a educação deverá ser efetivado por meio de atendimento educacional especializado para as pessoas com deficiência e preferencialmente na rede regular de ensino.

Desde a promulgação da Constituição Federal em 5 de outubro de 1988, há o dever do Estado em promover uma educação de qualidade e inclusiva da pessoa com deficiência, tanto a lei que institui a política nacional de proteção dos direitos da pessoa com TEA como o Estatuto da Pessoa com Deficiência apenas ratificam e disciplinam de forma mais detalhada.

A Lei 12.765/12, no seu artigo 3º, inciso IV, alínea "a", prevê que é direito da pessoa com TEA o acesso à educação, e no parágrafo único garante o direito a um acompanhante especializado, prevendo ainda no artigo 7º que a recusa de matrícula da pessoa com TEA ou qualquer outra deficiência acarreta multa e, em caso de reincidência, a perda do cargo. Com o advento do Estatuto da Pessoa com Deficiência, o direito à educação trouxe de forma mais detalhada as garantias e a forma de exercê-las.

É importante mencionar a obrigatoriedade de aceitação, inclusão, acessibilidade e disponibilização de um professor auxiliar, sem qualquer custo adicional aos pais/responsáveis, aplicando-se às escolas das redes pública e particular, sendo o tema declarado constitucional pelo Supremo Tribunal Federal (STF).

Mobilidade urbana e direito ao transporte

A Lei 12.587/12 institui a Política Nacional de Mobilidade Urbana. A mobilidade urbana se relaciona a uma cidade acessível, não apenas ao transporte, mas sim a qualquer forma de deslocamento na cidade, tais como a acessibilidade nos locais públicos e privados, eliminação de obstáculos e barreiras para o acesso da pessoa com deficiência.

Com relação ao transporte público municipal, o autista e seu acompanhante possuem direito ao transporte gratuito, que é exercido por meio do bilhete único especial.

Já para a gratuidade no transporte público intermunicipal, é necessária a comprovação da carência, nesse caso entende-se por carente a pessoa que possui renda inferior a um salário mínimo.

No transporte aéreo, a resolução 280 ANAC 2013 prevê que o passageiro com necessidade de atendimento especial que necessite de acompanhante possui desconto no valor da passagem do acompanhante. A companhia aérea pode cobrar do acompanhante valor igual ou inferior a 20% (vinte por cento) referente ao valor pago pelo passageiro com necessidade de atendimento especial. Além dos direitos já previstos como fila preferencial e embarque prioritário, entre outros.

Por fim, quanto ao transporte automobilístico, destaca-se a liberação de rodízio nos municípios onde houver, bem como a possibilidade de utilização das vagas especiais. Ainda há isenção de IPVA e, na aquisição de veículo, a isenção de IPI, IOF e ICMS, desde que cumpridos alguns requisitos, tais como: que o veículo seja de fabricação nacional e valor de até 70 mil reais. A isenção de IPI e de IOF deve ser requerida na Receita Federal, e de ICMS e IPVA, na Secretaria da Fazenda Estadual ou em unidades do Detran. Esse direito também se aplica ao menor de 18 anos e não apenas ao condutor do veículo.

Direito à saúde

No Brasil, o direito à saúde está previsto na Constituição Federal, em especial, no artigo 196, que dispõe: "A saúde é direito de todos e dever do Estado, garantido mediante políticas sociais e econômicas que visem à redução do risco de doença e de outros agravos e ao acesso universal e igualitário às ações e serviços para sua promoção, proteção e recuperação".

No mesmo sentido, o Estatuto da Criança e do Adolescente, em seu artigo 7º, também estabelece que: "A criança e o adolescente têm direito a proteção à vida e à saúde, mediante a efetivação de políticas sociais públicas que permitam o nascimento e o desenvolvimento sadio e harmonioso, em condições dignas de existência".

Não obstante a clareza dos dispositivos legais acima mencionados, as políticas públicas de saúde, sejam municipais, estaduais ou federais, apesar de contarem com ações e projetos das mais variadas naturezas, salvo raríssimas exceções, ainda não têm condições de oferecer tratamento adequado para as mais variadas doenças, e muito menos oferecem um plano de tratamento continuado e eficaz para o autista.

Acreditamos que ainda existe um longo caminho para que a saúde pública do país tenha qualidade suficiente para dispensar a contratação supletiva de serviços particulares e planos de saúde.

Diante desse quadro, todos aqueles serviços de saúde que deveriam ser totalmente gratuitos e custeados pelo Estado, hoje são um privilégio de quem tem condições de pagar um plano de saúde ou, mais do que isso, pagar pelo atendimento particular, situação esta que fica restrita a uma pequena parcela da população. Segundo dados recentes, somente 30% da população tem planos de saúde, dos quais, boa parte é oferecida pelos empregadores.

Os autistas não têm muitas alternativas, senão a contratação de um plano de saúde para que tenham todas as necessidades de seu tratamento atendidas. Porém, para que isso aconteça, algumas barreiras também precisam ser superadas.

Na contratação do plano de saúde é muito importante que o relatório médico seja corretamente preenchido, com todas as informações, para que sejam evitadas alegações de fraude e, consequentemente, a rescisão do contrato.

Por certo será necessário o cumprimento de carências, que são de 180 dias no máximo. Importante destacar que existe a situação de cobertura parcial temporária (CPT), que normalmente é confundida com carência. A CPT corresponde a uma restrição de atendimento para doenças preexistentes que pode ser imputada pelo plano de saúde, essa restrição deve durar no máximo 24 meses. Porém, tal restrição só se aplica às cirurgias, leitos de alta tecnologia e procedimentos de alta complexidade, relacionados à doença preexistente.

No caso dos autistas, ainda que o diagnóstico já tenha sido feito no momento da contratação, além das carências normais de até 180 dias, a operadora não pode aplicar nenhum tipo de cobertura parcial temporária aos atendimentos de psicoterapia, fonoaudiologia, terapia ocupacional e demais atendimentos que compõem o atendimento multidisciplinar.

Uma outra barreira a ser superada é a limitação do número de sessões a serem cobertas pelo plano, pois a Agência Nacional de Saúde (RN 428/2018) estabelece um número mínimo obrigatório de atendimentos anuais.

Na maioria das vezes, essa limitação acaba prejudicando o tratamento integral do autista que, para atender a sua necessidade, terá que recorrer ao Poder Judiciário, a fim de que a limitação do número de sessões seja suprimida.

A boa notícia é que a jurisprudência dos tribunais de justiça é praticamente uníssona no sentido de que não pode haver qualquer limitação no atendimento à saúde, e por essa razão as operadoras ficam obrigadas a dar cobertura integral. A súmula 102 do Tribunal de Justiça de São Paulo assim determina: "Havendo expressa indicação médica, é abusiva a negativa de cobertura de custeio de tratamento sob o argumento da sua natureza experimental ou por não estar previsto no rol de procedimentos da ANS".

No mesmo sentido, destacamos o Recurso Especial 1.642.255, em que a Ministra Nancy Andrighi entendeu que a prévia limitação de quantidade de sessões de psicoterapia implica em significativa restrição ao restabelecimento da saúde do paciente.

A má notícia é que, na maioria das vezes, se faz necessário promover uma ação judicial para obter esse direito, o que pode implicar em gastos e despesas extras para as famílias. Mesmo assim, é evidente que os benefícios obtidos com uma decisão judicial para cobertura integral do tratamento são muito grandes e causam uma tranquilidade não só para os pais, mas também para o próprio autista, que terá significativa melhora na sua qualidade de vida.

Demais direitos fundamentais

- **Direito ao lazer:** um direito social fundamental da pessoa humana, previsto inclusive no artigo 6º da Constituição da República Federativa do Brasil. No caso do autista, esse direito é garantido por meio de filas preferenciais, meia-entrada e, em algumas cidades, como ocorre em São Paulo, há a chamada sessão azul, que são atrações pensadas especialmente para os autistas, como peças de teatro e cinema, entre outras.

- **Direito ao trabalho:** garantido ao autista, pois visa além de sua inclusão social a sua independência/autonomia como pessoa. Além da Lei 12.764 e do Estatuto da Pessoa com Deficiência, o exercício ao direito ao trabalho é garantido pela Lei 8.213/91, a qual prevê que empresas com mais de 100 funcionários está obrigada a ter em seu quadro de funcionários de 2% a 5% de pessoas com deficiência ou beneficiários reabilitados.

- **Direito à moradia:** trata tanto do direito constitucional garantido a todos de uma moradia digna, como o direito a uma moradia inclusiva para as pessoas que não possuem condições de autossustentabilidade ou aquelas com vínculos familiares fragilizados ou rompidos. Também se manifesta no direito de prioridade para aquisição de casa própria nos programas habitacionais públicos ou subsidiados com recursos públicos.

O autista possui outros direitos, não descritos no presente artigo, pois este visou apresentar os mais relevantes para o exercício da cidadania.

Diante da explanação, verifica-se que os direitos expostos estão positivados no ordenamento jurídico brasileiro, mas por que há ainda tanto descaso com os autistas?

Falta ainda muita informação, tanto para as famílias que possuem dentre seus entes uma pessoa com TEA, como para a população em geral. A falta de medidas governamentais de efetivação e conscientização da população também é um grande atraso. Outro ponto relevante é a burocracia, que muitas vezes inviabiliza o exercício dos direitos.

Por outro lado, vemos como um grande avanço os direitos alcançados e a perspectiva é que sua efetivação vá crescendo, pois ainda temos muitos projetos de leis federais, estaduais e municipais voltados exclusivamente ao autista.

Referências

BRASIL. *Agência Nacional de Aviação Civil*. Disponível em: <https://www.anac.gov.br/assuntos/legislacao/legislacao-1/resolucoes/resolucoes-2013/resolucao-no-280-de-11-07-2013>. Acesso em: 5 de nov. de 2019.

_____. *Agência Nacional de Saúde*. Disponível em: <http://www.ans.gov.br/component/legislacao/?view=legislacao&task=TextoLei&format=raw&id=MzUwMg==>. Acesso em: 5 de nov. de 2019.

_____. *Constituição da República Federativa do Brasil de 1988*, de 5 de outubro de 1988. Disponível em: <http://www.planalto.gov.br/ccivil_03/constituicao/constituicao.htm>. Acesso em: 5 de nov. de 2019.

_____. *Decreto 6.949*, de 25 de agosto de 2009. Disponível em: <http://www.planalto.gov.br/ccivil_03/_ato2007-2010/2009/decreto/d6949.htm>. Acesso em: 1 de nov. de 2019.

_____. *Decreto 9.278*, de 5 de fevereiro de 2018. Disponível em: <http://www.planalto.gov.br/ccivil_03/_ato2015-2018/2018/decreto/D9278.htm>. Acesso em: 2 de nov. de 2019.

_____. *Lei 8.069*, de 13 de julho de 1990. Disponível em: <http://www.planalto.gov.br/ccivil_03/leis/l8069.htm>. Acesso em: 5 de nov. de 2019.

_____. *Lei 8.213*, de 24 de julho de 1991. Disponível em: <http://www.planalto.gov.br/ccivil_03/leis/l8213cons.htm>. Acesso em: 8 de nov. de 2019.

_____. *Lei 12.587*, de 3 de janeiro de 2012. Disponível em: <http://www.planalto.gov.br/ccivil_03/_ato2011-2014/2012/lei/l12587.htm>. Acesso em: 5 de nov. de 2019.

_____. *Lei 12.764*, de 27 de dezembro de 2012. Disponível em: <http://www.planalto.gov.br/ccivil_03/_ato2011-2014/2012/lei/l12764.htm>. Acesso em: 8 de nov. de 2019.

_____. *Lei 13.146*, de 6 de julho de 2015. Disponível em: <http://www.planalto.gov.br/ccivil_03/_ato2015-2018/2015/lei/l13146.htm>. Acesso em: 8 de nov. de 2019.

_____. Planalto. *Portal da Legislação*. Disponível em: <http://www4.planalto.gov.br/legislacao/>. Acesso em: 5 de nov. de 2019.

_____. Superior Tribunal de Justiça. *Recurso Especial 1642255/MG*. Disponível em: <https://stj.jusbrasil.com.br/jurisprudencia/574624890/recurso-especial-resp-1642255-ms-2016-0278313-1/inteiro-teor-574624900>. Acesso em: 5 de nov. de 2019.

_____. Supremo Tribunal Federal. *Notícias*. STF, 9 de junho de 2016. Disponível em: <http://www.stf.jus.br/portal/cms/verNoticiaDetalhe.asp?idConteudo=318570>. Acesso em: 5 de nov. de 2019.

_____. Tribunal de Justiça de São Paulo. *Súmulas*. Disponível em: <http://www.tjsp.jus.br/Download/SecaoDireitoPrivado/Sumulas.pdf>. Acesso em: 5 de nov. de 2019.

Capítulo 21

Tecnologias de ensino aplicadas ao Transtorno do Espectro do Autismo

Rafaela Zilli & Tatiana Serra

A Análise do Comportamento Aplicada (ABA) tem sido umas das formas de intervenção mais eficazes em TEA, e ela conta com diversas maneiras de ensinar habilidades e melhorar o repertório comportamental. Neste capítulo serão apresentados alguns dos principais procedimentos ou tecnologias de ensino da ABA.

Rafaela Zilli

Graduanda em Psicologia pela Faculdades Metropolitanas Unidas, aplicadora ABA capacitada pelo Núcleo Direcional – Intervenção e Formação Comportamental e Acompanhante Terapêutico pelo Instituto de Psiquiatria do Hospital das Clínicas da FMUSP.

Tatiana Serra

Psicóloga pela Universidade Paulista – UNIP, especialista em Terapia Comportamental pela Universidade de São Paulo e neuropsicóloga pelo HC-FMUSP. Terapeuta e supervisora em ABA há dez anos, presta consultorias para pais, instituições e profissionais acerca do tratamento de pessoas com Transtorno do Espectro do Autismo, dentre outras alterações do desenvolvimento. Fundadora do Núcleo Tatiana Serra - Intervenção e Formação Comportamental. CEO do Núcleo Direcional.

Contatos

Rafaela
franca.rafaela@hotmail.com

Tatiana
www.nucleodirecional.com.br
tatianaserra@nucleodirecional.com.br
Facebook: @nucleodirecional
Instagram: @tatianaserraoficial

Antes de falarmos das tecnologias de ensino, vamos relembrar o que isso significa: tecnologia é um conjunto de instrumento, métodos e técnicas desenvolvidos e aplicados para a resolução de problemas humanos.

Dessa forma, as tecnologias de ensino da ciência ABA são conjuntos de métodos para a redução de problema de comportamentos e ampliação do repertório funcional e adaptativo do indivíduo, seja ele autista ou não.

Para chegar a este capítulo, certamente você leu os demais, em que se falou sobre o diagnóstico do TEA e também sobre a ciência ABA, a qual não é restrita a esta população, mas nos ateremos a ela, porque é a ênfase do nosso livro.

Você já deve ter escutado ou até mesmo falado que ABA é um método de ensino para autistas, vamos desfazer esse equívoco de uma vez por todas?

Método é um tipo de técnica empregada para a mudança de algo, certo? Só que o método é aplicável e replicável igual a todos, ou seja, qualquer pessoa que precisa de tal método terá a mesma aplicação que a outra que também precisou ou possa precisar. Conhecendo o tamanho da complexidade humana, e principalmente do espectro do Autismo, você acha que seria possível tratar a todos da mesma maneira? Pois bem, não poderíamos! Por isso, reduzir a ABA a um método seria dizer que todos os autistas ou pessoas submetidas a essa ciência seriam tratados da mesma maneira, o que é impossível em se tratando dos dilemas humanos.

Separamos este espaço para falar dos diversos procedimentos e/ou tecnologias de ensino descritos pela ciência ABA como eficazes para o ensino de novos comportamentos e redução de problemas.

Veja, tecnologia é um conjunto de técnicas, ou seja, usaremos cada tecnologia combinada e adaptada a cada pessoa que assim necessitar dela e jamais devemos usá-la ou aplicá-la igual para todos.

Vamos começar a falar do Ensino por Tentativas Discretas (DTT), que você já deve ter escutado como "método da mesinha"; "aba tradicional", já adianto que todas essas nomenclaturas são equívocos da falta de conhecimento de quem as usa.

O DTT é uma das tecnologias de ensino da ABA que passou a ser utilizado com mais frequência após os estudos de Loovas (1987), o qual mostrou-se eficaz na intervenção em ABA para autistas, comprovando constantes ganhos. Este procedimento de ensino é um dos mais utilizados e tem mostrado resultados positivos na intervenção precoce de TEA.

Ao contrário das crianças típicas, as crianças com TEA apresentam mais dificuldades em aprender atividades diárias, brincar e a interagir socialmente com adultos ou pares, além disso, podem apresentar menor tolerância à frustração, acarretando em problemas de comportamentos, que são comumente conhecidos como birras. Com isso, esse meio de ensino tem sido bem-sucedido, não apenas no ganho de habilidades, como na redução de tais comportamentos, por meio da promoção de um ambiente reforçador que fortaleça as respostas desejadas.

O DTT é um programa de ensino estruturado, individualizado, em que se pode expor um mesmo treino de diversas formas, pode ser aplicado por profissionais, por pais, em sala de aula, além de contar com reforçadores que podem ser entregues logo após a emissão de uma resposta. Ele consiste em o terapeuta dar a instrução, esperar a resposta ou oferecer a ajuda necessária para a criança reforçando imediatamente quando for o caso. É feito repetidas vezes dentro de uma sequência de respostas previamente estabelecidas: apresentação de antecedente, dica (se necessária), emissão de resposta da criança, consequência imediata mediante resposta e intervalo entre as tentativas (C. DUARTE, L. SILVA e VELLOSO, 2018).

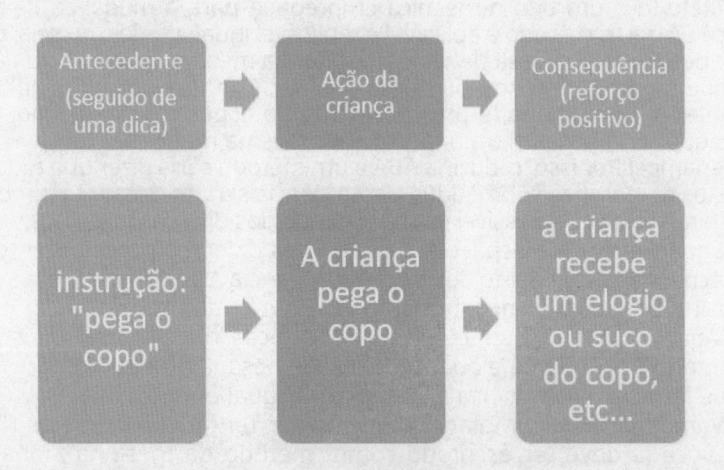

Antecedente (seguido de uma dica) → Ação da criança → Consequência (reforço positivo)

instrução: "pega o copo" → A criança pega o copo → a criança recebe um elogio ou suco do copo, etc...

O Ensino por Tentativas Discretas conta com alguns preparos para sua aplicação. O ambiente deve estar organizado e os materiais preparados e de fácil acesso. A aplicação do treino não precisa ser necessariamente em uma mesa, mas caso seja, esta deve ser de tamanho adequado para a criança. O treino é feito em etapas:

- **Antecedente** – qualquer apresentação que preceda a resposta da criança. Pode ser uma instrução verbal dada de forma clara, ou algum outro estímulo de aprendizagem.
- **Dicas** – inicia-se da mais intrusiva para a menos intrusiva e são estipuladas e oferecidas conforme necessidade da criança. As dicas mais comuns são: ajuda verbal (total, parcial ou intraverbal); ajuda gestual; e ajuda física (total ou parcial).
- **Resposta** – o esperado da criança. Pode ocorrer uma resposta correta, incorreta ou ausência de resposta, sendo esta última em caso de respostas vocais.
- **Consequências** – deve ocorrer imediatamente após a resposta. Em caso de resposta correta, deve-se apresentar uma consequência reforçadora para a criança. Em caso de resposta incorreta, deve-se aplicar o procedimento de correção do erro.
- **Intervalo entre tentativas** – tempo entre uma tentativa e outra. Auxilia na aprendizagem e a criança pode desfrutar do reforçador.
- **Generalização** – relacionar o que já foi aprendido a novos estímulos ainda não treinados.

Esta tecnologia é mais comumente usada para crianças com dificuldades de selecionar estímulos em excesso, com pouca atividade atencional. Também usada no ensino de habilidades como: escrita, leitura, discriminação visual, pareamento e outras.

Outra tecnologia estruturada e bastante usada é o Encadeamento, comumente usados para ensino de habilidades que requerem uma sequência ampla de ações, para alcançar um único objetivo.

Nesse procedimento, uma cadeia comportamental ou cadeia de estímulo-resposta é uma sequência que consistente de estímulos e respostas que ocorrem em estreita proximidade entre si ao longo do tempo e na qual a última reposta é normalmente seguida de um reforçador. No encadeamento, cada resposta operante é também estímulo discriminativo para outra resposta e reforçadora, essa dupla função (estímulo discriminativo e estímulo reforçador condicionado) possibilita o encadeamento de respostas. A seguir, os três métodos para ensinarmos uma cadeia comportamental:

1. **Apresentação de tarefa total:** neste método, ensinam-se todas as respostas da cadeia, do início ao fim e o reforçador é apresentado na reposta correta do final da cadeia. Um exemplo de habilidade a ser ensinada é escovar os dentes.

2. **Encadeamento para trás:** neste método a última etapa é ensinada primeiro, depois a penúltima e assim sucessivamente. Exemplos de habilidades que podem ser ensinadas com este método: vestir-se; arrumar cama; amarrar os sapatos e outras.

3. **Encadeamento para frente:** com este método ensina-se primeiro a etapa inicial da cadeia, para ensinar e unir a primeira e segunda etapas e assim sucessivamente.

Para o uso efetivo do encadeamento comportamental, é importante saber e fazer uma análise de tarefas. Identificar as unidades da cadeia que sejam mais simples para o aprendiz adquirir com mais facilidade; considerar estratégias com dicas, muitas vezes visuais; se for necessário fazer uma tentativa de modelagem; escolher previamente quais métodos de encadeamento utilizar; usar procedimento de desvanecimento das dicas; inicialmente, procure fazer uso de reforço generalizado e gradativamente retire-o. Por fim, garanta que este procedimento será eficaz para a habilidade que você quer ensinar ao seu paciente.

Agora falaremos sobre as tecnologias de ensino naturalísticas, que você já deve ter escutado como "mais eficaz", "ABA moderna", "ABA naturalista", termos também usados erroneamente, por pessoas com pouco ou nenhum conhecimento da ciência ABA.

O procedimento de Ensino em Ambientes Naturais deve contar com um ambiente que contenha itens de interesse da criança, pois se utiliza da motivação dela para o aprendizado. Pode-se focar tanto no desenvolvimento da comunicação e linguagem, quanto no ensino de comportamentos sociais. Entre os procedimentos mais comuns, temos: treino incidental, análise verbal aplicada e modelo de linguagem natural.

O Treino Incidental diz respeito à interação natural do adulto com a criança, vinda de forma não estruturada, como em uma brincadeira, por exemplo, e essa interação deve partir da própria criança. Um exemplo seria o adulto entregar para a criança um brinquedo de encaixe de formas que ela ainda não consegue fazer sozinha. O adulto aguarda até que a criança comece a interação e fornece a ajuda necessária. Neste procedimento de ensino, a ajuda parte da dica menos intrusiva para a mais intrusiva, conforme a necessidade da criança.

Na Análise Verbal Aplicada, o foco está na aprendizagem de comportamento verbal funcional, como mando e tato. Se uma criança fala "chocolate", nossa atenção deve estar voltada ao contexto que essa palavra foi emitida e qual a função dessa fala. Se ela fala para obter o alimento, o comportamento é de mando, mas caso estivesse apenas nomeando, o comportamento seria de tato.

No que se refere ao Modelo de Linguagem Natural, o adulto deve fornecer: dica, a fim de que a criança emita a resposta vocal;

estímulos reforçadores; e modelo de resposta, caso haja necessidade. Neste modelo, a criança também inicia a interação e todas as respostas vocais devem ser reforçadas para que ocorra o aumento de vocalizações e generalização.

O fato de o ensino em ambiente natural não ocorrer de forma estruturada não o torna mais fácil, pois é importante que o interesse parta da criança, uma vez que a escolha dela acaba por ser mais reforçadora e motivadora, e por não ser possível prever suas escolhas, exige criatividade. Como se trata do interesse da criança, deve-se considerar que a pessoa em questão tenha interesses dentro do contexto do ambiente proporcionado, tenha atenção seletiva e inciativa, se não for o caso da sua criança, considere começar pelo ensino estruturado e gradativamente ir mesclando, até que seja possível estar totalmente dentro do ensino natural, o que pode acontecer com algumas pessoas do espectro e outras não.

No entanto, no ensino em ambientes naturais, pode-se preparar o ambiente com reforçadores funcionais, a fim de evocar determinadas respostas da criança, aumentando a probabilidade de ela se interessar por algo e iniciar a interação. É preciso estar atento a essa iniciação, para usar modelagem e dicas para emissão das respostas necessárias, dos objetivos do ensino previamente estabelecidos.

Como se trata de tecnologia, entenda que essa deve ser escolhida, adaptada e usada de acordo o perfil clínico de cada pessoa, para saber qual, considere ter uma boa avaliação e supervisão de profissionais capacitados com a ciência ABA, capacitação esta que deve ser combinada a estudos e experiência de aplicação; de prática.

Referências

DUARTE, C.P. *Estratégias da análise do comportamento aplicada para pessoas com transtornos do espectro do autismo.* São Paulo: Memnon, 2018 pp. 127-140.

BARROS, R.S, FERREIRA, L. A, MELO E SILVA, A.J. Ensino de aplicação de tentativas discretas e cuidadores de crianças diagnosticadas com autismo. Disponível em: <http://pepsic.bvsalud.org/scielo.php?scripr=sci_arttext&pid=s2177-35482016000100008>. Acesso em: 10 de mar. de 2020.

MARTIN, G & Pear, J. *Modificação de comportamento: o que é e como fazer?* 10. ed. Rio de Janeiro: Roca, 2018.

SAVOIA, M.G. A *interface entre a psicologia e a psiquiatria.* 2.ed. São Paulo: Roca, 2011. pp. 171-188.